安徽文化旅游丛书

江淮行

皖水

100

Anhui Wenhua Lüyou Congshu
Jianghuaixing

Wan Shui

安徽省文化和旅游厅 • 编

黄山书社

《安徽文化旅游丛书·江淮行·皖水》

编委会

前 言

安徽位于中国中东部，面积14万平方千米，其名字取自清代安庆府与徽州府首字。安徽是一片神奇而美丽的土地。一个“徽”字，集山水人文于一身，是安徽形象的生动描绘，是安徽旅游的真实写照。山有黄山、九华山、天柱山三山挺立，天堂寨、白马尖、齐云山钟灵毓秀；水有800里长江、800里淮河、800平方千米巢湖绵延交错，大小湖泊润如碧玉，幽谷深潭飞流跌宕；人有老子、庄子、曹操、华佗、周瑜、朱元璋、陈独秀、胡适、邓稼先等，他们引领时代，照亮时空；文有徽文化博大精深，徽派建筑和谐典雅，徽戏被称为“京剧之源”，徽菜闻名天下，徽商诚实守信，文房四宝描绘传奇。

为全面展现安徽丰富的山、水、人、文资源，在安徽省人民政府杨光荣副省长的策划和指导下，安徽省文化和旅游厅组织编写了《安徽文化旅游丛书·江淮行》，分《皖山》《皖水》《皖人》《皖文》4册，各精选100个名目，共计100多万字，图片1000多幅，是首部系统介绍安徽山水人文的旅游丛书。全省30多位作家、40多位摄影家参与编写，其间数易其稿，既集中展示了安徽的名山胜水、璀璨人文、风土民俗，又以全新的视角去解读那些共生共荣的自然之美、相依相存的人文之美，并深入挖掘诸多藏在深山人未识的绝美风光。它们犹如深山璞玉，徜徉其间，让人不禁发出“长恨春归无觅处，不知转入此中来”的感叹。

杨光荣副省长是丛书的创意者，他亲自设计丛书总体框架、分册纲目，把关行文特色、标题类别，审改版式编排、样书文稿，始终关心出版进程，倾注了大量精力和心血。省政府副秘书长章石生多次组织召开大纲审稿会，协调解决编写过程中的问题。省文化和旅游厅厅长袁华、时任省旅游发展委员会主任万以学精心指导丛书编写。省政府办公厅、原省旅游发展委员会、省文化和旅游厅相关同志承担了许多具体工作。项纯文、钱念孙、朱贵平、翁飞、戴健、徐子芳、孙叙伦、邓修全等30多位专家学者参与审稿。省委党史研究院、省水利厅、省文史研究馆、省政协文史委等单位倾力支持，相关市县积极协助，提供素材，在此一并表示感谢！

改革开放以来，特别是近年来，在安徽省委、省政府正确领导下，安徽文化旅游实现长足发展，“文化皖军”品牌愈发响亮，旅游产业迈入全国第一方阵。随着文化和旅游深度融合，“诗和远方”牵手相伴，安徽深厚的文化底蕴与丰富的旅游资源，必将催生更多更加灿烂美丽的花朵。

安徽是美丽中国的浓缩版、文化中国的精粹版、生态中国的体验版。江淮行，是赏心悦目、心旷神怡的自然山水之行，是品味文化、震撼心灵的历史人文之行。《安徽文化旅游丛书 · 江淮行》的出版，将成为了解安徽的资料书、畅游安徽的导引书、品读安徽的典藏书。

美好安徽，迎客天下！热忱欢迎海内外朋友来安徽，品味读山问水的神奇诗韵，感受徽风皖韵的独特魅力！

《安徽文化旅游丛书 · 江淮行》编委会

2019 年 5 月

皖水

目录

江河奔流

湖光曼妙

万佛湖欢迎您

城水相依

飞瀑流韵

水碧流温

浪遏飞舟

江河奔流

大美安徽，水系纵横。八百里皖江奔腾不息，九曲淮河澎湃向东，逶迤新安江清秀婀娜……2000 多条河流，纵横交错，为皖风添色，为徽韵增彩。

江河奔流，始有美丽富饶鱼米之乡，才有了文化传承。这是一幅江河冲刷出的风情画卷，也是一条川流不息的文明长河。

江淮汤汤，流淌至今。是歌谣，是风情，是画卷，更是时光。

安徽马鞍山长江港口

长江（安徽段）：八百里皖江荟锦绣

长江（安徽段）档案：

万里长江浩浩汤汤，横贯安徽 416 千米，被称为八百里皖江。长江安徽段西起江西九江与安徽宿松县交接处，向东至马鞍山市和县流入江苏。流域面积 6.6 万平方千米。沿江安庆、池州、铜陵、芜湖、马鞍山等市像璀璨的明珠镶嵌南北两岸，也串联了众多风景名胜。

滔滔江水气象万千

“你从雪山走来，春潮是你的风采。你向东海奔去，惊涛是你的气概。”长江，以雄伟的气概，不远万里从青藏高原流向东海。流经安徽段的 400 余千米长江，串连着众多河流与城市。秋浦河、裕溪河、青弋江、皖河、水阳江、滁河分别从江淮丘陵和皖南山区流入滔滔长江；与长江相通的还有巢湖、升金湖、南漪湖等湖泊。其中芜湖、安庆被列入长江十大港口。安庆石化、铜陵有色金属公司、裕溪口现代化煤码头及马鞍山钢铁公司等大中型工矿企业得益于长江水运的优势，蜚声遐迩。

长江流域安徽段沃野千里，雨水充沛，气候适宜，物产丰富。沿岸风光无不充满诗情画意，乘坐游轮，游历八百里皖江，感受自然与人文的魅力，会涌起浩荡激情。

从九江顺流而下进入宿松地段，江水便稍向东北方向流去。但见一座孤峰独耸，屹立江心。山不算高，独立江中，尤显突兀，故名小孤山。山上古迹处处，留有许多文人墨宝。

宿松县为八百里皖江门户，汉代为松滋县。境内自然风光旖旎，其中石莲洞国家森林公园像养在深闺无人识的美女，静静地等在那里。

过宿松乘船顺江北去，望江、东至、大渡口、安庆、裕溪口、马鞍山市这一段江水是偏向北流。

长江大堤未修筑之前，望江境内一片水域，江湖相连，是为雷池。成语“不越雷池一步”来源于此。

当人们远远地看到一座塔尖时就知道快到安庆了。塔名振风塔，是安庆这座城市的标志建筑，被誉为“万里长江第一塔”。历经400多年风雨，如今雄姿依旧。塔高60米，塔身是七层八角楼阁式的建筑，矗立迎江寺中，登塔远眺，长江帆影尽收眼底。月圆之夜，泛舟江上，波光粼粼，塔影倒映江中，“起舞弄清影，何似在人间”，天上人间几无分别。

华灯初上，安庆的江边逐渐热闹起来。游客前来观赏江景，市民载歌载舞。

江水路过池州在铜陵大通直接转向北，这一段江面有点复杂，江西岸是三官山，东岸天门山，夹岸青山，江水流急。清朝文豪刘大櫆有诗句形容：“大江风急峭帆喧，帆影江声万马奔。”两山呈南北走向，江水也顺着山势向北再向南，拐了180度的大弯，又向北流，像一个放平了的“3”字。河道里的江心洲也随河道在水流转弯处出现。“3”字收笔处就是铜都——铜陵。

铜陵是长江安徽段南岸的一颗璀璨的明珠。铜陵以铜得名，新中国第一炉铜水、第一块铜锭都出自铜陵。铜陵境内，湖泊河流密布，天井湖、莱子湖、枫沙湖、白荡湖，星罗棋布，湖水清澈见底，湖面上渔帆点点。

如果有幸，可以在这一段江面上看到江豚。长江江豚是全球唯一的江豚淡水亚种，在地球上生存超过 2500 万年，主要分布在长江干流及通江湖泊当中。因为样子看起来像是始终在微笑，这长江孕育的小精灵便有“微笑天使”的美誉。

长江在芜湖段继续向北，经马鞍山市，只见“两岸青山相对出，孤帆一片日边来”，山势陡峭，江面变窄，水流湍急。马鞍山市因山似马鞍而得名。山“瘦削”而“姿秀”，其间有“小洞曲通，连贯不一”。

马鞍山市境内，沿江而望，山峦连绵。依次为望夫山、赤壁山、薛公山、宝积山、采石山。江边有石突出于水称为矶，长江边的斗米矶、连石矶、人头矶、采石矶、望夫矶、慈老矶，大大小小数不清。山与矶形成了独特的景观，真所谓“岸壁峻绝，风涛汹涌”。

望东长江大桥

望夫矶与许许多多的望夫石一样，被赋予美好爱情传说，江水至此依旧风高浪急，行船困难，大自然的神奇力量仿佛是永恒的。

西楚霸王项羽兵败垓下，凄别虞姬后逃到和州（今和县），自觉无颜见江东父老，自刎江边。江水滔滔，往事悠悠。

千古风韵日夜流

长江中下游两岸多为冲积平原，平原上河网湖泊密布。部分河段流经山地和丘陵，给长江带去了大量泥沙，在江中形成沙洲河滩。宿松县与江西湖口、彭泽县隔江相对。长江之水在这里分成两支，一支贴近北岸宿松县，一支贴近南岸彭泽县，中间包围了一个 108 平方千米的江心洲。

这样的江心洲在宿松县复兴镇、安庆、池州、芜湖、铜陵市、裕溪口、无为、和县江面都有分布。这是长江中下游水面独特的地理景观。江心洲的泥沙土质、充足的水源和充分的日照，特别适宜棉花生长。秋阳高照时，一望无际的棉田，雪白的棉花绽放，形成独特而难得一见的景色。

肥沃的平原还适合油菜生长。仅望江县境内，每年春天数十万亩油菜花竞相开放，美不胜收。同马大堤北岸，沿江堤观光，一衣带水，白的是浩浩长江水，黄的是渺渺油菜花，数十里花海，百里飘香，蜂鸣鸟语，一派世外桃源景象，置身花海，满眼金黄，宛若黄金打造的画廊。

皖江流域水系可通航里程 2500 千米，流域内黄山、九华山、天柱山、小孤山等国家级风景名胜区、池州杏花村、泾县桃花潭、乌江霸王祠、当涂李白墓、铜陵天井湖、合肥巢湖、芜湖镜湖、赭山、马鞍山采石矶等优美的自然胜境星罗棋布；怀宁小吏港、安庆振风塔、马鞍山太白楼、佛教圣地九华山等，沿江美景处处，人文处处，装点着八百里皖江。

1995 年铜陵公路大桥率先建成。随后，芜湖长江公路、铁路大桥，马鞍山公路大桥，铜陵公路、铁路大桥，以及望东长江大桥等桥梁似彩虹横落皖江，“天堑变通途”。

考古研究表明，几万年前，皖江流域就有人类生活，创造了灿烂的文明。

安庆又称宜城，清康熙六年（1667）建安徽省，乾隆二十五年（1760）以安庆为省会。时年商贾云集，市场繁荣，带动了当地民间戏曲黄梅调、采茶戏的发展，戏班如雨后春笋，逐渐形成中国五大地方剧种之一的黄梅戏。同时，这里也是徽戏的故乡，四大徽班进京，促进了京剧的诞生与发展。与安庆隔江相望的池州，唐朝时设池州府，至当代，行政区划与安庆、芜湖、宣城、徽州分分合

流经安庆的长江

合，辖区内的九华山是四大佛教圣地之一。秋浦河流入长江，沿岸风光旖旎，景色迷人，像一幅幅水墨山水画，古石城遗址、昭明钓台、仰天堂等古迹为秋浦仙境增添了神秘的色彩。

古代芜湖水泽间鸠鸟栖息繁衍，故有鸠兹港、鸠兹渡、鸠兹邑等古地名，芜湖别名鸠兹，今芜湖市内辟有鸠兹广场，供市民休闲怀古。芜湖境内溪流纵横、水泊遍布，盛产稻米鱼虾。长江和青弋江在这里交汇，水陆交通十分便利，上游的木材、下游的百货、盐、本地的稻米都在这里集散。

自商朝开始，铜陵就因铜矿丰富，采矿冶炼铸铜器而享誉天下。铜陵港是对外籍轮开放的国家一类口岸，铜陵长江公路大桥是八百里皖江第一桥。铜文化也是八百里皖江的一个特质。

许多人说，长江拥抱了浪漫的诗人李白，这当然是传说。但站在采石山西望太白楼，雕梁画栋、飞檐翘角，琉璃屋顶、金碧辉煌，登楼远眺，大江浩渺，天门峭壁，雄伟壮观。太白楼是长江沿岸与滕王阁、黄鹤楼、岳阳楼齐名的古迹。

八百里皖江，有说不尽的风韵与神奇。

② 淮河（安徽段）：淮水东流千古事

淮河（安徽段）档案：

淮河是中国的七大水系之一，源出河南省桐柏山山区，流经安徽，汇入江苏省洪泽湖，由洪泽湖流出又分两条支流分别入长江和黄海。全长约1000千米。淮河横贯安徽省北部400多千米，主要支流有颍河、西淝河、涡河、浍河、史河、淠河等。

淮水风情无限

“走千走万，不如淮河两岸。”据传说，三千年前，一条大河在山间流淌，一种叫“隹”的短尾鸟栖息在河边，“淮水”因此而得名，这就是淮河。

淮河是中国的七大水系之一，源出河南省桐柏山山区，流经河南、安徽，全长约1000千米。安徽境内，它流经阜阳、六安、淮南、蚌埠，向东注入江苏洪泽湖，长400多千米，主要支流有颍河、西淝河、涡河、浍河、史河、淠河等。皖北六市亳州、阜阳、宿州、淮北、蚌埠、淮南都在淮河流域范围内。

历史上，淮河水利失修，水灾不断。20世纪50年代，党和国家重视淮河建设，修建了佛子岭、梅山、响洪甸、磨子潭等水库以及淠史杭灌区、苏北灌溉总渠、茨淮新河、三河闸等工程，从而减轻了灾害的影响。干流自河南固始县三河尖以下可通航，是安徽北部地区重要水上运输通道。千里淮河安澜，终

金色的淮河

朝霞映照淮河

被造就成美丽之河。

淮河流域与黄河流域一样是中国古文明的发祥地，有“盘古开天地，血为淮渎”的神话传说。

著名的“淮河三峡”，即硖山、荆山峡、浮山峡。

八公山下的硖山，水流在这里转向北流，两岸危石耸立，“惊涛拍岸，卷起千堆雪”。淮水出硖山口改为向东，流经怀远县荆山、涂山。浮山峡水流平缓如镜，展现了另一种风姿。淮河和浍河、漴河、潼河、沱河五水汇聚，浩浩荡荡奔流向东，五水在安徽汇聚处得名五河县，沱河似乎对这里特别留恋，盘桓逡巡不肯离去，形成 7 万多亩水面的沱湖。泛舟湖上，湖水清澈见底，摇曳的水草、穿行在水草间的鱼儿、横行的螃蟹、透明的青虾，清晰可见。

淮河以北的黄淮冲积平原，平坦辽阔，土层深厚，稻麦两熟，丰收时节，田野金黄，河上渔船鸬鹚眺望，鹭鸟嬉戏，凌空起舞，残阳一道铺水中，淮水风情醉游人。

悠久的历史文化

淮河沿途风光明媚，历史文化古迹众多。古八公山战场“风声鹤唳”，禹王庙纪念“大禹治水”，明皇陵“宫阙殿宇、壮丽森严”，中都城记录了朱元璋建立明朝的丰功伟绩。

蚌埠，古乃采珠之地，美誉珠城。淮河穿城而过。蚌埠双墩是新石器时代的文化遗址，双墩陶器刻符在考究文字起源上意义重大。

春秋战国时期，人们渴望安宁，老子、庄子无为逍遥的道家学说，倡导天地人和，以期救民于水火；管仲则提倡“仓廪实而知礼节，衣食足而知荣辱”。滔滔淮河水一年又一年奔流不息，传承着中华民族传统美德。

淮河，见证深厚的秦楚历史文化。寿县李三孤堆楚王墓出土的“铸客大鼎”是仅次于商代“后母戊鼎”的中国第二大青铜器，是名副其实的国之重器。

淮河流域继五代十国后再次成为南宋与金鏖兵的前线，淮南八公山下“风声鹤唳”“草木皆兵”是脍炙人口的成语故事，也是历史人文的真实记录。

淮河承载着厚重的历史文化，记忆着先民们的悲欢离合，奔流不息只向东去，它将辉煌的过往留给后人咀嚼，平静的河水警示人们对大自然要有敬畏之心。

煤城淮南，淮河穿城而过。黑的煤、绿的水、白的鱼，这座城多姿多彩。

淮河两岸沃野千里，物产丰饶，稻麦菽黍、鱼鳖虾蟹养育着千千万万的淮河儿女。诗人白居易说：“何事长淮水，东流亦不闲。”

淮水东流入海，留下千古传奇。

淮河穿城过

③ 新安江：山水画廊点墨徽州

新安江档案：

新安江发源于休宁县与婺源县交界大山中，在安徽境内全长242千米，称为新安江，向东流入浙江省西部，经淳安至建德与兰江汇合后为钱塘江干流桐江段、富春江段，东北流入钱塘江，是钱塘江正源。

新安江素以水色佳美著称，沿江有众多名胜。

锦绣山水新安江

新安江是古徽州文明的摇篮，因西晋太康元年（280）置新安郡而得名。

新安江穿行于深山幽谷之间，迂回曲折，清澈如镜，像一条银色项链，环绕在群峰翠岭之间。唐人权德舆有“深潭与浅滩，万转出新安。人远禽鱼静，山深水木寒”之句形容新安江的迂回曲折，今人誉为“新安山水画廊”。

明清时期，新安江是徽州通往杭州的黄金水道，沿岸水埠码头、民舍村落、塔桥楼阁等，古色古香，美不胜收，有徽州“清明上河图”之美誉。

新安江水澄碧如练，倒映青山，两岸翠峦重叠，猿啸鸟鸣，杂树生花，木秀林荫；千仞石壁，临江耸立，空谷悬瀑，飞流直下。唐代孟浩然有诗赞曰：“湖经洞庭阔，江入新安清。”新安江之美，如果用李白的诗句来形容可谓：“人行明镜中，鸟度屏风里。”用南朝吴均的话来说，新安江可谓“奇山异水，天下独绝”。

从发源地至屯溪称为率水。在屯溪桥率水与横江汇合，到歙县浦口称为渐江，再往下为新安江。今天，人们将在屯溪率水与横江汇合后的水域就称为新安江，它流经歙县深渡后，折向南到浙江淳安汇入新安江水库（今千岛湖），千岛湖水分流出来向东分为三段称为桐江、富春江、钱塘江，奔流入海。

随着山区地势，新安江穿行于深山幽谷中，千曲百回，眼见“山重水复疑无路”，出得峡口，却是“柳暗花明又一村”。新安江水深为潭、水浅为滩，清人黄景仁形容：“一滩复一滩，一滩高十丈，三百六十滩，新安在天上。”过了深潭是浅滩，落差高达上百米，从下游遥望新安可不在天上。妹滩是新安江第一

新安江滨水旅游区

滩，相传是因妹妹在此迎送哥哥而得名。山水之美如果没有了历史人文、传说故事，似乎就少了一点韵味。由妹滩再向东南，就到了著名的枇杷产地，“三潭枇杷”享誉天下，三潭即绵潭、瀹潭、漳潭。

自浦口至皖浙交界的街口镇，这一段水程约 44 千米，船行青山绿水间，碧水如带，逶迤奔流，两岸层峦叠嶂，水天一色，正如南朝梁沈约所形容的“千仞写乔树，百丈见游鳞”。岸边景色倒映水中，呈现出一幅幅变幻优美的山水长卷。四季景观各有特色：春来山花烂漫，姹紫嫣红；夏日浓荫蔽日，清风送爽；秋日碧云天，黄叶地，漫山遍野，色彩斑斓，层林尽染；入冬桔林金黄，红柿挂树梢，白雪皑皑，瑞雪兆丰年。无论何时，一路美景看不够。

山路崎岖，水路给山民们带来了方便。徽州谚语“前世不修，生在徽州，十三四岁，往外一丢”，自明清起，徽州人从小就沿新安江南下江浙经商，几代人的殚精竭虑、戮力打拼，使得徽商成为明清时代的商界翘楚，与晋商平分天下。徽商衣锦还乡，回报故里，带来了新安江水域经济的发展，城镇繁荣，屯溪、歙县、海阳、深渡、渔梁、万安……保护完好的古城镇昭示昔日的繁华与兴盛。

屯溪凭借地处皖、浙、赣三省交界，新安江直通钱塘江的有利条件，成为徽州水陆运输的交通枢纽，获得迅速发展，是新安江畔的最古老的城市。清晨，江边不时传来“砰、砰”的敲击声，那是家庭主妇们在洗衣服。晨雾在河面飘散，太

阳渐渐升起，水面波光粼粼，小船划行，鱼鹰不时钻入水底，城里老街的农贸市场便有了鲜活的野生杂鱼。屯溪老街异常热闹，前店后河，有“屯溪美，屯溪美，街邻青山巷临水”的赞誉。屯溪老街像敞开的徽州博物馆，物产应有尽有，翰墨飘香。踏入老街，首先映入眼帘的是白墙黛瓦的徽派建筑，窗棂门楣有精美的砖雕木刻，屋与屋之间是高高的马头墙。老街里还有宽窄不一的巷弄，纵横交错，类似鱼骨架状，方便行人进出。

徽州文化之源

水滋养人类，孕育文明。

新安医学奠基人汪机、珠算大师程大位、新安画派大师渐江、金融家王茂荫、哲学家戴震、近现代著名画家黄宾虹、人民教育家陶行知、革命音乐家张曙、著名学者胡适……新安江畔人才辈出，灿若星辰。

徽商因吃苦耐劳被誉为“徽骆驼”，并留下百年老字号“同德仁”“茂槐”“老福春”“汲古轩”“艺林阁”“徽宝斋”等。

新安江发源地休宁城西道教圣地齐云山，因“一石插天，直入云端，与碧云齐”得名。乾隆下江南，赞齐云山为“天下无双胜境，江南第一名山”。

除率水外，新安江支流还有丰乐水、富资水、布射水、扬之水，四水汇聚歙县。歙县是中国四大古城、中国历史文化名城之一，建于秦朝。高大厚重的古城门城墙，城里的许国石坊，城外的渔梁坝、棠樾牌坊群保存完好，许国石坊、棠樾牌坊群的故事，歙县老幼皆津津乐道。

新安江，一路风景，一路人文。它清新、自然、厚重。

4 皖河：古皖之源

皖河档案：

皖河，由皖水、潜水、长河三大支流组成，一般以长河为正源。流经岳西、潜山、太湖、望江、怀宁、安庆5县1市，在安庆市西郊沙帽洲南注入长江。河道全长227千米。

皖河，在安庆的历史、文化多方面占有重要地位，安徽因历史上有古皖国和境内的皖山、皖河而简称“皖”。

山水相依

无论是文化意义上，还是自然意义上，皖河都是安徽一条重要的河流。它流经峡谷、丘陵与平原，历经沧桑，也孕育了灿烂的皖河文明。

夕照皖河

安徽简称“皖”，缘于皖山皖水。有史可考：春秋时期周朝划天柱山地区为皖国，封皖伯大夫治之。皖伯实施德政，人们为了纪念他，便将天柱山及其下的水流分别叫皖山、皖水。

皖山雄伟，皖水清秀。山水相依，在神奇的皖西南大地上，演绎着动人的传奇。

皖河的源头在大别山腹地的岳西。清晨的来榜镇在一片雾霭之中，枫树河静静地流淌，它碧绿晶莹。当太阳升起，它带着金色在高山低谷间穿行，汇成皖河的波涛。公界尖、黄梅尖两座高峰静静地看着皖河一路东行。这里地势落差达到1100米，形成一批有地域特色的自然景观。

枫树村是皖河源流地。这里有三生情缘石、六家寨、古枫树、清末皖西古民居及皖西的乡村生活方式，吸引外人前来探秘。山上野生的猕猴桃、核桃、板栗和酸枣，让人品尝后更是嘴馋。

从高空俯瞰，我们能认识皖河全貌。大别山自岳西团岭向东南分成四大支脉，东支自潜山县乌石堰以下进入丘陵地带，蜿蜒向东，直抵安庆江边；中间两支自潜山南县三尖岭以下和太湖县城北分别进入丘陵地带，一支抵潜山县北，一支抵王家河；西支自花凉亭以下进入丘陵地带，向南经徐家桥折东直抵望江武昌湖。这四大支山脉构成皖河的三大水系，东为皖水，中为潜水，西为长河，至石牌附近汇而为一。总流域面积6442平方千米，河道全长227千米。

千姿百态

皖河从大山深处而来，从历史深处而来，又随着每一个历史的早晨，以不同形态流淌于人们的视野：白马潭急湍奔流，充满生命律动；潜河浮光跃金，静谧质朴；花亭湖碧波荡漾，山水相宜。过石牌后，它流淌缓慢，呈现湿地形态，牛羊、沙鸥、白鹭为它点缀着不同的生机与情态。

从皖河的源头朝下行走，你会发现，它似一条彩带，贯穿起许多人文遗存。薛家岗古文化遗址、《孔雀东南飞》遗存地孔雀坟、“小乔初嫁了”的胭脂井，还有古皖口——山口镇。

古皖口，历史上曾是赫赫有名的军事、政治、文化、商旅重镇。三国时期，孙

皖河流经石牌三桥。

权亲率大军皖口破曹魏，吴将诸葛恪在此屯兵成吴。此后，这里经常上演金戈铁马大戏。唐武德五年（622），为皖阳县治。

沧海桑田，随着长江洪水淤积，皖河泥沙扩散，河口逐年东移。变化最大的是近300年间，皖河总在菖蒲夹至沙帽洲之间变动。在围湖成圩时代，皖河最下游面貌演变很大，尤其是1958年，安庆专署进行的皖河下游治理垦殖工程，自石牌以下至山口镇，将河取直。

山口镇以下的皖河，利用皖河老道沿广成圩北侧至安庆市西郊，向南流注长江。这段皖河显得很有岁月感。皖河大桥上车来车往，桥下的水系弯弯曲曲、缥缥缈缈向两侧伸展。枯水季节，河流细缓，河滩荒凉，滩上成群的牛儿在悠闲溜达；夏季水量丰沛，这些河流浅滩都汇聚成浩瀚的水面，水面或扬起白帆，或轻荡着渔舟。

鱼米之乡，成了皖河流域另一个特质。

灿烂文化

皖河是安徽文化意义上的源头河，更是安庆地区的母亲河。

薛家岗遗址位于皖河水系的潜山县王河镇，是一处新石器时代晚期遗址，遗址年代为距今6000年至商代。一代代人在这里繁衍生息，人们通过皖河，入长江，与外面的世界进行物资交换。

皖河晚韵

千百年来，这里人文荟萃，三国时期数学家王蕃、晚唐诗人曹松、北宋宰相王珪、京剧鼻祖程长庚、黄梅戏鼻祖蔡仲贤，以及当代的陈独秀、张恨水、陆洪非、夏菊花、海子等人均生长于这块热土上。

皖河孕育了不同形态的文明，但最有影响的是戏剧文化。明末清初，徽调随着粼粼的皖河水在湖面上荡漾。乾隆年间，形成许多“戏班”，活跃于石牌一带，经过“京剧鼻祖”程长庚的博采众长，融徽调、汉调、昆腔于一炉，才有了国粹京剧的诞生。

黄梅戏，它以浓郁的乡土气息、婉转动听的旋律为人们陶醉。

黄梅戏文化是皖河文明的重要代表，是生活在皖河流域人们的生活放歌和心性流露。在石牌住上一晚，耳畔总是传来柔情似水的天籁之音。

灵山秀水，总能引发历代文人雅上的诗情，白居易、苏轼、黄庭坚、王安石都描绘过皖山皖水。诗仙李白在《江上望皖公山》中写道：“奇峰出奇云，秀木含秀气。”这应该是描写皖山皖水诗句中流传最广的一句了。

正因为无数文人墨客的游赏、歌吟，这里才有了别样的神韵和深厚的文化。

皖河，既是自然的河流，也是文化的河流。

5 练江：碧水如练江如镜

练江档案：

练江，新安江主要支流之一，连接歙县与浦口的一段65千米水路，又名西溪、徽溪、练溪。著名的渔梁坝位于练江之上。

清晨的黄山东麓，一缕霞光抹在树梢，无数的溪水从山间涌出，奔腾不息。远望河水似白练，挂在青山白云间，直泻如练抵城南。城是歙县城，水为丰乐水、富资水、布射水、扬之水，4 水呈扇状在歙县北部山区向南奔流，到歙县合流，称为练江。

过了歙县，练江水道向南流至浦口入新安江。练江及上游 4 条支流覆盖绩溪县、歙县 1576 平方千米田陌良畴，两岸生态环境保持良好，美景如画，这里还是野生黑麂、梅花鹿、金钱豹、云豹、白颈长尾雉的乐园。

练江的桥古朴多姿。其中仅在歙县的 6.5 千米的江面上，就有 9 座古桥。其中著名的要算建于明朝的太平桥、万年桥和紫阳桥了，合称古歙三桥。

练江倒映千年古城歙县，如诗如画。

练江倒映渔梁灯火

太平桥是安徽省境内现存最长的石拱古桥，它全长 268 米，过去是婺源、祁门、黟县、休宁等县进入徽州府治歙县的必经之桥。据说，唐朝时李白来歙县寻访隐士许宣平，曾在太平桥附近喝酒赏月，朗声吟道："槛外一条溪，几回流碎月。"

练江之水缓缓地从太平桥经过，流淌了两三里路，便到了惊涛拍岸的渔梁坝。水利史上，渔梁坝可与都江堰齐名。它位于歙县城南 1 千米徽城镇渔梁村。唐宋时期，人们就在这里垒石为坝，明代重新修建，有明万历三十三年（1605）修坝记事碑可考。渔梁坝横截练江，坝上水势平坦，坝下激流奔腾。

史料记载，早在东晋咸和二年（327），新安太守鲍宏倡建鲍南堨。后来仅丰乐河上可灌溉 100 亩以上的堨有 1619 座，一座鲍南堨就能灌田 4500 亩，造福百姓，丰衣足食。

高大、宽阔的紫阳桥，就横跨在渔梁坝下游。这里地处紫阳山山麓，山水交融，风景如画。尤其是清晨，雾气飘逸着穿过桥洞，笼罩在古坝水埠的渔船上，好似片片白帆。南宋理学家朱熹的父亲朱松曾在桥南结庐而居，这里留有朱熹从福建回来省亲的踪迹，他一定吟哦过练江吧。明代画家程嘉燧有诗赞叹："禹庙渔梁口，浮舟落日过。瀑声冲峻壁，经影漾层河。楼煤青山廓，律亭锦树彼。……"

万年桥是过去歙县人通过练江抵达省府安庆的要道，这里三水汇合。它建成于明万历元年（1573），大青石铺就。落成时，明代兵部左侍郎、歙县人汪道昆有诗句赞叹："参差石势疑乌鹊，缥缈江流见白虹。亭上至今留醉处，莲花面面似山公。"

"月明潮上，苇间渔唱声急"，这是文人墨客对练江的赞颂，也反映了人们对这条清朗俊逸河流的喜爱。

练江之畔

漳河

6 漳河：穿山越岭诗意生

漳河档案：

漳河，长江南岸支流，在南陵县境内。自南向北，至澛港入长江。全长115千米，有分支与青弋江沟通，形成长江南岸水网。

漳河是流入长江的一条河流。它美丽、淳朴，名气不大，但历史悠久。《中国历史地图》记载：西汉时，漳河名淮水，北宋时称漳淮水，元明两代上游（南陵以上）名漳水，中游（南陵至三埠管）名淮水，下游（三埠管以下）名澛明江，清代统称漳河。

漳河有两支源头：一支源自南陵县久胜山山头的丫塘。南丫公路由戴镇向绿岭方向而来，经过一道山谷后开始爬坡，上到久胜山山头后，右边有座红色的庙宇，当地人称娘娘庙。今天被毁，娘庙村仍在。再往前走，有口水塘，因其像“丫”字，故名叫丫塘，周长约三四百米，塘水清澈。其涓涓细流顺着山冲里的小溪向下流去，经过荷花塘村，一路汇集两边如四冲、杨冲、金斗冲等各叉冲里的水源，流到幸福村就叫幸福河了。小河经过团结村流到三里镇后叫做澄清河，河道在这里拐了个弯，向东北流经峨岭后叫作漳河。

另一支源自南陵县南部烟墩乡水龙洞。两支源汇合于三里店，西汇峨岭河，至南陵县城后，经过龙船湾，折而向北流去，又流经黄墓渡、繁昌县小淮窑、芜湖石硊、峨桥，在澛港汇入长江。全长115千米，有分支与青弋江沟通，形成长江南岸水网。其中，峨桥闸、泊口闸等建筑，既是风景，又是重要的水利工程。

漳河穿山越岭，又流经滩涂。它有不同形态之美，淳朴、自然是它的特征。而流经南陵县城一段，已经被打造成一个文化、景观兼容的景观带，是宜人、舒适、亲水、生态的滨水环境。傍晚时分，人们来到这里休憩，家长里短，幸福安详。

元代开始的数百年岁月里，漳河一度是皖南地区重要的航线，南陵城北的仓溪是漳河第一个自然码头，皖南山区的粮食、土特产都在这里运转。

漳河孕育了灿烂的南陵文化。历史学家何琦，著《三国评论》百余篇，驰名东晋史坛。唐代著名诗人李白，两度寓居南陵。明代丁镃应诏参修《永乐大典》，被后世学者赞为“奇人”。大画家黄宾虹钟情南陵山水，以笔墨描绘过漳河。

黟县境内也有一条漳河。相传，东晋诗人陶渊明沿着漳河，寻访武陵源，留下了千古名篇《桃花源记》。漳河在黟县大地上曲折流淌，经过渔亭等古镇。其中桃花源长廊漂流段沿河两岸丹崖绝壁，秀峰巧岩，千姿百态；不仅有桃源洞、浔阳台、石门、钟潭、红庙、古栈道、岱峰等名胜，还有渔郎问津、李白垂钓、师姑帽等历史掌故，美不胜收。

7 阊江：洪岭耸秀一江开

阊江档案：

阊江发源于祁门县大洪岭，向南流经江西景德镇，折向西流入鄱阳湖，全长253千米。

河流一般都是由西向东流入大海，但区域内的河流则因地势不同而流向不同，可向东向西，亦可向南向北。皖南山区的河流走向是顺着山势由高向低在山谷里奔流，遇山阻挡则迂回绕过，阊江就是这样一条河，迂回曲折向西流入鄱阳湖。

阊江，源出祁门县北边的大洪岭深处。大洪岭以山洪奔泻为名，悬崖绝壁，十分险峻。峡谷深处，一块巨大山石上刻有“阊·昌江源”几个大字。

阊江从千山万壑中奔涌而出，“三十六溪清浅水，二十四重高下山”，阊江入境江西后则为昌江。一江清水出万山，给人破“门”而出之感，改“阊”为“昌”，十分贴切。

祁门县东北有祁山，西南有阊门，唐朝乃合名“祁门”。“有巨石夹流水两相对，其状似门，故号阊门”，水即为阊江。

可在祁门县城登高望江，它逶迤曲折。山顶的凉亭有楹联“大地回春，众鸟声喧飞巧燕；洪山献秀，万龙翔集似闻雷”，楹联形容的是鸟鸣啁啾悦耳动听，溪水瀑布声如雷贯耳的大洪岭景色。大洪岭古道往北是去池州、安庆的唯一通道，沿途瀑布、碑亭、驿站错落分布，景色十分优美。这里以山为界，往南是阊江的源头，北面溪水则流入秋浦河，往东流入青弋江，殊途同归，最终都融入长江，汇入大海。

阊江九曲十八弯，在与江西搭界的倒湖接纳祁门县西北山区向南流出的历河，西南山区向北流的查河，三河汇流继续向西流入江西，流经瓷都景德镇，注入鄱阳湖，全长 253 千米。

“有阊门滩，善覆舟”，阊门峡“夹溪有大石，水流湍急”，“两山环合，复立双石，刺天如门，溪水过双石之间极险”，舟行困难。宋代诗人杨万里过阊门诗兴大发，作诗“滟滪瞿塘姑未问，只经此险已销魂”，形容阊门峡比长江的滟滪堆和瞿塘峡还要险峻。如此险峻的河流是大山里人们外出的唯一通道，西向景德镇便是繁华之地，山货要运出去，日用品要运进来，涉险行舟，战战兢兢。早在唐朝，当地县衙就发力疏浚河道，于是千百年来“舟行乃安”。

景德镇是瓷都，祁门盛产瓷土。明代科学家宋应星《天工开物》载：“（景德镇）从古及今为烧器地，然不产白土，出土婺源、祁门两山。”

清朝时，瓷土商人胡元龙在祁东庄岭村，发现了太和坑瓷土矿。出产的瓷土洁白、细腻、质硬性粘、耐烧。当时宫廷烧制御用瓷床，试用了多处瓷土均未达到质量要求，采用太和坑瓷土后一举成功，得到朝廷嘉赏，祁门瓷土更加声誉鹊起。此后景德镇御窑瓷器，均以太和坑瓷土为主原料，从阊江运入。

祁门县城东阊河上建有明代古桥平政桥、仁济桥，两桥相距几十米，石桥坚固，风格古朴，下临碧溪，波光月影，夜色迷人，“双桥夜月”为祁门一景。

祁门县西南与江西接壤处的阊江水面宽阔，水流平缓，南岸的历史文化名村芦溪村和北岸的倒湖划龙舟表演已成为一项传统地方习俗，每年端午节阊江上百舸争流，锣鼓喧天。赛龙舟这项习俗绵延几百年，与阊江同在。

8 水阳江：诗意水墨画卷

水阳江档案：

水阳江是长江下游南岸主要支流之一，发源于安徽和浙江交界处的天目山山区，东津、中津、西津三条支流合流为水阳江，跨绩溪、宁国、宣城、芜湖、当涂5县市，于当涂入长江，全长254千米，流域面积7656平方千米。

皖东南的宣城、芜湖，河网密布，阡陌纵横，是安徽的鱼米之乡。水阳江，在这里逶迤流过，留下多少美景、多少故事、多少脍炙人口的诗篇。

水阳江主要支流是西津河，有“西溪”之称，发源于绩溪县太子山西麓，在绩溪县境内称戈溪河。东津河发源于宁国市东南部铜岭关，与西津、中津在宁国河沥溪镇汇合始称水阳江。经五河渡，向北流经宣城。这里江面渐趋开阔，古老的宣城依山傍水，是一座诗意弥漫的城市。

水阳江一路匆匆，经水阳镇再往东北，在宣城接纳华阳河，在黄池镇与青弋江牵手，到当涂县与姑溪河一起流入长江。一路上，水阳江还串联起南漪湖、石臼湖、丹阳湖、固城湖。

千回百转，水阳江出深山进平原，灌溉良田，养育了皖东南7000多平方千米土地上的百姓。自古以来，人们逐水而居，繁衍生息，水路的便利带来漕运发达，沿江集镇店铺林立，异常繁华，河沥溪、水阳、水东、丹阳、孙家埠、湾沚……一个个古老集镇如今焕发出青春光彩。

古往今来，多少文人墨客于水阳江畔流连忘返，在这里展开一幅绵延千年的人文画卷，李白、谢朓、白居易、韩愈、杜牧、孟郊……唐朝的著名诗人几乎都在水阳江畔留下足迹。“一卷诗书入画来，几多闲情山水间”，诗人笔下的水阳江畔，确是一幅幅绝美的山水画。

水阳江带着人间的烟火气息，从历史深处悠悠地流到今天。古今多少人和事，早已随波逐流而去，留下的是随处可见的遗迹，见证了曾经的风华。

水东镇，因地处水阳江东岸而得名，借水运之便利，唐代已成“市”，明代更是皖东南重要的水运码头，素有“小南京”之誉。

临水而居，靠水吃水。水阳江里水产丰富，最值得说道的莫过于鳜鱼了。张志和描绘的“西塞山前白鹭飞，桃花流水鳜鱼肥”，很适合这里。每至桃花汛时，鳜鱼便会成群结队地在水阳江里洄游。

水阳江畔还出产瓷器，自古便有一条烧窑带，那是中国制瓷史上鼎鼎有名的宣州窑。宣州瓷也同水阳江水一般泻在了历史长河里，只在岸边留下些许青花残片，告知后人曾经的璀璨。

9 秋浦河：流淌诗歌的河

秋浦河档案：

秋浦河原名秋浦江，又名云溪河。源流为公信河，源出石台、祁门、东至三县交界的祁门山脉仙寓山北麓，至池州池口入长江，全长 180 千米，流域面积 2235 平方千米，因李白等诗人的吟诵而诗意弥漫。

皖南山区，溪流遍布，以山为界，水流蜿蜒曲折。祁门县北边与石台县交界，此处山脉呈东西走向，仙寓山、望江尖、牯牛降、大历山等成为两县的分界线。山中溪水众多，山南的水流汇入昌江向西流向鄱阳湖；山北的水流汇入秋浦河流向长江。

梅溪河发源于祁门县北边的大洪岭，曲折向北，石台县仙寓山流出的恭浚河经珂田乡一路向东，两条河在石台县香口村相遇，合流后称秋浦河，而《读史方舆纪要》记载，其水“源有五”，“众流汇于秋浦”，“又迤逦数十里”，可见秋浦河的来源不止 2 条支流。这是山区河流的特点，山高水长溪流多方能汇成河。秋浦河蜿蜒向东北流入长江。

秋浦河发源地是仙寓山。神仙寓居的地方该是什么样子呢？沿着溪水上山，一路清凉宜人，清新的空气沁人肺腑，山上随处可见稀有珍贵的红豆杉、鹅掌楸，溪水中有娃娃鱼，山林中还有麋鹿、穿山甲出没。到山顶，极目远眺，霞光普照、云海翻滚、群峰逶迤、峡谷幽深，更有七彩玉谷在阳光下闪闪发光，令人流连忘返。

河流哺育了百姓，也孕育了文化。秋浦河有着深厚的文化底蕴，诗仙李白寄情山水，尤爱秋浦，晚年曾五游秋浦，足迹踏遍秋浦河两岸，留下了 45 首诗作，其中有著名的《秋浦河十七首》，描写了秋浦的风土人情，使秋浦风光名播千古。

秋浦河畔诗意浓

李白以为“清溪胜桐庐”，桐庐奇山异水，号称天下独绝，李白却因秋浦美景“淹留未忍归”。诗人杜荀鹤在此“筑有别业”“杜坞”。杜牧的《清明》诗朗朗上口传诵千年，一首诗带火了一座城市、一条河，这是诗歌的魅力，文化的影响力。杏花村今已修葺一新，再现“一河秋浦水，十里杏花村，百家香酒肆，千载诗人地”的经典田园风光。

目连戏是石台、贵池一带的地方戏种，产生于民间，跟随秋浦河水流行在两岸的市井码头。舟行缓慢，船靠码头，商贾歇息时，可以欣赏目连戏借以消磨打发时间。

秋浦河昭明太子钓台

秋浦河沿岸风光旖旎，人文荟萃。秋浦入江的池口曾为贵池县，汉代时为石城县，今灌口乡石城村尚有汉时丹阳郡石城县县城遗址。后“以秋浦之水为其名”改为秋浦县，秋浦河便成了贵池的象征。贵池是梁昭明太子封邑，玉镜潭边有昭明太子的钓鱼台，昭明太子因这里“水出鱼美，名为贵池”，喜欢来此钓鱼。

秋浦河是一条永远流淌着诗歌的河流，人们来到这里定会被它所吸引，为它痴迷。

⑩ 尧渡河：静美闲适有传说

尧渡河档案：

尧渡河，即前河、江口河。尧渡河主河源于东至县南部的祁门山脉，干流主要流经东至县的马坑乡、花园乡、尧渡镇、查桥乡、东流镇，流入长江。

皖赣交界处有一座县城叫东至县，它地处皖江段南岸之首，长江傍境东流，因相传舜帝躬耕于此，尧帝闻其贤德，千里来访，素有“尧舜之乡”的美誉。

尧渡河流淌在东至大地，河水清碧，渔排漂荡，鹅鸭嬉戏，鱼虾畅游。风光秀丽，景色宜人。

上游山高林深，河湾水急，水流潺潺，还有紫石塔生物多样性优先保护区。中下游青山叠翠，竹影婆娑，山花烂漫，碧水荡漾，神似烟雨漓江的景致，乘竹筏漂流而下可直达长江。两岸有名胜古迹铁佛寺、万善桥、周馥墓、兆吉山许世英故居、唐山寺、石印洞、滴水岩、梅山寺、黄泥湖、陶公祠、东流双塔、老街。这里不仅自然景观、人文景观丰富，在尧渡河中下游区还有大面积重要湿地，水草茂盛、野花似锦，湖面上的天鹅、仙鹤、鸳鸯、野鸭等珍禽，或引吭欢歌，或浅滩觅食，好一幅绮丽的江南水乡画。

尧渡河不仅景色优美，而且文化底蕴深厚。相传，远古时期舜从北方的中原一路行来，到了江南的历山，见这里气候适宜，风景秀丽，民风淳朴，且有大片的肥山沃地，于是便在历山定居下来，舜先在山上开辟了第一块耕地，又在山下诸冯畈上耕种了大片土地。他聪慧能干，广交农友，乐善好施，从此贤名远播。尧听说了舜，便亲自渡黄河，过长江，从彭泽经香隅到至德，遇一山一河（尧渡河），乘船渡过，直上历山。尧见舜气宇轩昂，卓识远见，3 年后，便正式将首领之职禅让给了舜，开辟了“尧天舜地”之盛世。

春季万物复苏的时候，尧渡河在江南的怀抱里水温慢慢地升高了，鱼儿渐渐

尧渡河上鸟飞翔

浮现，岸边的一排垂柳也抽出了新枝。放眼望去，田野里逐渐葱绿，耕牛犁田，妇女栽秧、野鸭畅游、花朵绽放……好一派静美闲适、悠然和谐的村野美景图。

11 青弋江：胜水映秀色

青弋江档案：

青弋江古名清水，又名泾水，发源于黟县黄山北麓，在芜湖注入长江，为长江一级支流，全长 297 千米，流域面积 7200 平方千米。

青弋江这一名字从唐朝开始，它流经泾县，跨黟县、歙县、石台、青阳、旌德、泾县、南陵、宣州、芜湖、弋江等地。青弋江东接水阳江流域，西部上游连接九华山山脉，中下游与漳河水系为邻，在芜湖注入长江，大小支流 30 余条。

青弋江是与新安江比肩奔流在皖南大地上的姐妹江，它发源于山区的溪流，没有工业污染、澄碧如练。沿岸风光如画，千峰壁立，奇秀多姿；下游水流平缓，清澈见底，两岸良田美畴，阡陌纵横。

青弋江源出黟县。黟县山中众多涓涓细流于翠峰幽谷间流出，汇成山涧急

穿城而过的青弋江

流，穿石怒泻、奔腾飞跃、回珠溅玉，一泻数百尺，远望如白练。

泾县桃花潭便是青弋江在这里留下的一泓潭水，在悬崖密林之下，水色清澈见底。

泾县东南35千米汀溪乡，造水、茂林及西源三水环流绕过造水村汇入青弋江。走进造水村，古树参天、翠竹如剑，溪水淙淙流过。阳光从竹梢洒下，斑驳陆离，未经雕饰的自然风光，原生态的乡居村落，清晨或雨后，山村云雾缥缈，宛如海市蜃楼。远望青山如黛，云雾飘忽缭绕在山间，山体若隐若现，层层叠叠的梯田间，油菜花盛开，杜鹃花、望春花点缀其间，花红花黄，色彩斑斓，仿佛水墨画上随意抹了一笔，色彩立刻就亮起来了。

出泾县沿青弋江向西，可见两岸一栋栋房屋伸出水面，悬空江上，形似湖南凤凰城江边的吊脚楼，这就是章家渡“吊栋阁”。章家渡历史悠久，当年的古镇，依青弋江水路，可通芜湖、南京、上海。镇上的鹅卵石铺嵌的古道两边店铺作坊鳞次栉比，昔日的辉煌依稀可见。

青弋江水路舟楫的便利，吸引着文人、商贾往来于此。李白曾三游青弋江，留下20多首诗篇，其中“乘君素舸泛泾西，宛似云门对若溪。且从康乐寻山水，何必东游入会稽”，将青弋江景色同会稽胜景相媲美，指出青弋江不是会稽胜似会稽。

⑫ 大通河：九华山下水婀娜

大通河档案：

大通河跨南陵、泾县、青阳、贵池、铜陵等地。东界顺安河，西邻九华河，南依九华山山脉，北临长江。由青阳河、澜溪河和七姓河在竹墩山（老镇）汇聚而成，折向西北，流至大通镇，注入长江。

大通河属于长江的支流，有着悠久的历史。上游主要支流有两条：一是青通河，发源于九华山山脉岔泉岭（海拔 1117 米）东麓，由南向北流，经弓官庄、牛家桥、龙口、朱备，至青阳县城，右纳东河来水，北流经园桥、童埠，绕童埠圩于两河口汇入七姓河，河道长 90 千米。二是七姓河，发源于南陵县老虎头（海拔 444 米），由北向南流，经张家山、何湾，至钱家桥进入青阳县境，折西流，经乔木至木镇，左纳西华河；木镇以下河道弯曲，经丁桥南、插花山北，西流于童埠圩两河口会青通河，河道长 55 千米。

现在人们说的青通河在定义上有了变化，青通河是青阳河和大通河的总称，老鼠石以上为青阳河，老鼠石以下为大通河。古代的大通河又分为澜溪河和七姓河，白浪湖中至老镇鸡冠山为澜溪河，老镇以下到鹊江入口处为七姓河。

说起七姓河还有一个来历呢。传说朱元璋在与陈友谅交战中，陈友谅将朱元璋追杀至大通羊山矶。朱元璋乘船保命，狂风大作，暴雨倾盆，小船被大浪掀翻，幸好被渔民救了起来。

为当面感谢渔民的救命之恩，朱元璋来到船上。他与渔民边吃边聊，了解到这些新鲜味美的鱼儿来自大通河，在大通河里捕鱼主要有七个姓氏（高、张、吴、朱、李、叶、史）的渔民。后来朱元璋登基后，钦赐用金丝串的鱼鳞册，在鱼鳞册上亲写了“七姓河”三个大字。

过去，山里的特产大多是经大通河船运到大通，进入长江，畅销五湖四海；四面八方来朝拜九华山的香客，有的在大通下船上岸朝拜九华山山头天门大寺阁

芳草萋萋大通河，一派自然风光。

庙，再顺大通河而上到青阳，上九华朝拜；有的在大通下船，朝拜九华山山头天门大寺阁庙后，从老镇过河或是从河南嘴过河或是从老桥口过河，经观前至五溪朝九华；有的从下水桥上九华朝拜。

送铜材料到“梅根冶”铸铜钱币的船也从大通河经过。据史料记载，在大通河岸，朝廷设过水泊所、巡检司等管理部门。据说，唐开元七年（719），新罗国（今朝鲜）金乔觉航海入大唐求法，于浙江台州登陆，历尽艰辛，途经大通神椅山稍歇后，遂经大通河上九华山悟道修炼，终成地藏菩萨。

大通河鱼肥味美，南宋诗人杨万里乘船路过大通河时写下了一首《舟过大通镇》的诗篇：“淮上云垂岸，江中浪拍天。须风那敢望，下水更劳牵。芦荻偏留缆，渔罾最碍船。何曾怨川后，鱼蟹不论钱。”

如今大通河烟波荡漾，静静地仰卧在皖南大地上，两岸呈现出的青绿色，清楚地勾画出她婀娜的身姿。她犹如一幅美丽的画卷，记载着美丽的传说，也承载着大河两岸人们的梦想和期盼。

13 裕溪河：沟通古今一濡须

裕溪河档案：

裕溪河，古称濡须水，长江支流。上起巢湖闸，下至裕溪口入江。东西流向，流经巢湖市、含山县、无为县、和县，全长60.4千米。主要支流有清溪河、西河、牛屯河等。

安徽省的中东部有一条河，将中国五大淡水湖之一的巢湖与中国第一大河长江连接，这条河叫裕溪河。

裕溪河，古称濡须水。口口相传中，因长江南北口音差异，濡须河被误传为裕溪河。

裕溪河是巢湖最早的通江河道，属长江支流。因流域长，水资源极为丰富，河面宽阔，是我国古代三国时期以前东南交通的主干线之一，古称西路。至目前，也是流域范围内水上运输的主要航道。

裕溪河不但连接长江水系，还通过巢湖、淝水沟通了淮河水系。

三国时期，曹操对吴用兵，因运粮需要，对濡须水一段进行了扩建。至明清，裕溪河一直是漕运动脉，江淮的漕粮就是从这里进入长江到达镇江北上的，所以裕溪河一段也被称作运漕河。

晚清时期，芜湖米市兴起，江北岸的裕溪口由此发展成一个集镇。

1958年，在裕溪口建成了中国第一座机械化内河港口——裕溪口港。这里也是淮南铁路的终点，北煤南运也通过这里转运到长江下游的各个城市。

1962年，在裕溪河与巢湖的接口处建巢湖闸。巢湖闸不但很好地调节了巢湖和裕溪河的水位，对防洪抗旱也发挥了很好的作用，成为今天裕溪河上一个著名的人文景观。

据传，远古时，濡须河水至巢湖东南三十里的濡须山、七宝山处受阻，大禹治水时凿山而通，故后人称河东之山为东关、河西的七宝山为西关。濡须水至此，这里被称濡须口（也称“濡须坞”）。

清人顾祖禹的《读史方舆纪要》记载：“濡须水出巢湖，东流经濡须山、七宝山之间，两山对峙，中有石梁，凿石通流，至为险阻，即东关口也。濡须水出关口，东流注于江。”

因濡须口地势险要，两岸经济发达，古来为兵家必争之地。据记载：早在春秋战国时期，吴楚两国就曾在濡须水流域展开过大大小小几十次战争。

发生在濡须口的战争，最有名的当属东汉三国时的魏吴之战。据《三国志》记载，曹操四征东吴，在濡须口有过两次大战。当时，孙权在东岸（东关）筑城陈兵，曹操便也在对岸的七宝山与锥山立栅布阵，故濡须口又称栅口。

《三国演义》中有一章精彩的“草船借箭”，这个故事也发生在裕溪河，只不过借箭的是孙权，而不是经过艺术演绎的诸葛亮。据《三国志·吴书·吴主传》裴松之注，建安十八年（213）正月，曹操与孙权对垒濡须。初交战，曹军大败，于是坚守不出。一天孙权借水面有薄雾，乘轻舟从濡须口闯入曹军前沿。曹操担心有诈，不敢出战，下令弓弩齐发。不一会儿，孙权的轻舟因一侧中箭太多，船身

裕溪河

倾斜，有翻沉的危险。于是调转船头，使另一侧再受箭。一会，箭均船平，孙权安全返航。

曾被曹操立栅陈兵的锥山，原称濡须山，又称龟山。民间流传，朱元璋起兵反元时，军师刘伯温在山顶建锥塔一座，以塔镇“龟”，以锥定山。

“龙虎相争志不侔，濡须旧坞使人愁。丈夫不学曹孟德，生子当如孙仲谋。七宝山开红树晓，巢湖水共白云秋。登临不尽英雄恨，万里长江天际流。”这是明代董会写的一首七律。昔日刀光剑影、鼓角争鸣的裕溪河两岸，今天已是河网纵横、良田万顷、稻香鱼肥、景色优美的鱼米之乡。

曾经的历史与遗留，为裕溪河增添了神韵，成为人们探古寻幽的佳处。

14 峨溪河：盈盈碧流烟柳翠

峨溪河档案：

峨溪河穿繁昌县而过，流经繁昌繁阳镇后，汇入长江，流程约 23 千米。

繁昌地处皖南北部，长江下游南岸，这里土地丰腴，物产丰饶。奔腾长江，浮载出百业兴旺的江南古城。

这座古城在过去交通不便，陆地是崎岖小道，与外界交流仅靠南门外一条峨溪河的水路。“咿哑咿哑”的摇橹划桨声，至鲁港后出河口入长江，经过 15 里水程到达芜湖。

峨溪河风景优美。每年春天，两岸垂柳成行，绿荫排排。细雨时，柔柳披风摇摆，似云烟缭绕，故有“峨溪烟柳”之称。春和景明的时候，在峨山山头俯瞰峨溪河，犹如一条白色缎带穿过绿色田野，令人心旷神怡，故有“峨溪匹练”之称。清代梁延年有诗：“横江孤鹤下沧洲，雨艇烟蓑向晚收。月白千村砧杵动，谁家练影入溪流。”描绘了峨溪河的动人美景。

俯瞰峨溪河

在美丽大地上蜿蜒流淌的峨溪河

峨溪河水利风景区是繁昌县第一个省级水利风景区。风景区以穿城而过的峨溪河为依托，上至铁门水库，下至周家大滩，围绕“梦幻春谷、水秀峨溪”的规划主题和景观特色定位，打造出生态休闲景观带、峨溪河湿地公园，让古老的峨溪河焕发了新的活力。

峨溪河湿地是繁昌县及芜湖市重要的生态资源，南倚九华山山系，北望江淮平原，其周边水资源丰富，且动、植物资源也很丰富，还有缪墩、马厂和鹭鸶墩等重要的文化遗址。

峨溪河流经繁昌县城的河埂上，周边建有休闲步道、风雨长廊、亲水走廊。每天，老人小孩快乐游玩，一对对情侣亲密呢喃。峨溪春早公园和峨溪公园，更是人们休闲娱乐的最佳场所。

峨溪河盈盈碧流，风景宜人，她无声地诉说着往昔的芳华，这是一方神奇的土地，一头连着古城的千年沧桑，一头连着现代都市的文明之光。

驰骋碧水彩云间

⑮ 淠史杭：红色土地上流淌的史诗

淠史杭档案：

淠河，是淮河右岸的主要支流之一，发源于大别山北麓，流经霍山县、岳西县、六安市，于正阳关入淮河，全长253千米。新中国成立后，在淠河上游支流上建成佛子岭、响洪甸、磨子潭3座大型水库。

史河，古名“决水”，发源于金寨县西南的大别山腹地。流域跨金寨、霍邱、六安、叶集、河南省固始县，至三河尖入淮河。河长220千米，流域内有著名的梅山水库。

杭埠河，古称龙舒水、南溪，清代称前河、巴洋河。它出自大别山区东麓，流经岳西县、舒城县、庐江县、肥西县，在三河镇注入巢湖。全长145千米，流域内有著名的杭埠河灌区及龙河口水库。

说到淠河、史河、杭埠河，不得不说淠史杭灌区，它是新中国成立后新建的全国最大灌区，是与都江堰、河套平原并称的中国三个特大型灌区之一。

淠史杭灌区东临巢湖之滨，南依大别山山麓，西跨河南固始，北到淮河之畔，是安徽境内淠河、史河、杭埠河三个毗邻灌区及河南省梅山灌区的总称。

“洼地洪水滚滚流，岗上滴水贵如油。一方盼水水不来，一方恨水水不走。”历史上，皖西皖中地区旱涝灾害频发，淮河成了一条“害河”，这首民谣就是这一地区十年九灾的写照。

1951 年，毛泽东同志发出“一定要把淮河修好”的号召，淮河流域苏鲁豫皖四省积极响应。治淮的首要目标是治理大别山的洪水。1952 年至 1958 年，佛子岭、梅山、响洪甸、磨子潭水库先后开工并建成，拦腰截断淮河的几大支流，削减洪峰，但是旱灾之患并未根本解除。这才有了兴建以防洪、灌溉为主的特大型综合利用水利工程——淠史杭灌区工程。淠史杭灌区工程 1958 年开工，1972 年骨干工程建成通水。其工程之艰巨，世所罕见。当时，每天正常上工五十万人，艰难奋战，完成近六亿立方米的土方工程。这些土方如围成一米高宽的长堤，可绕

老淠河

地球十多圈，创造出堪称“人间奇迹”的治水史诗。

皖西，一片绿色的土地，大别山山脉覆盖这里一半的面积。大别山山脉在皖西呈南北走向，山的东麓水向东流入淮河，山的西麓水向南流入长江。

大别山山脉的东南方向霍山、岳西县境内山峰林立，白马尖、多云尖、三角尖、青尖寨、李家寨山，多数山峰海拔都在1000到1700米，山高谷深，河道蜿蜒、水流湍急，最终出山汇成淠河，在寿县正阳关入淮河。淠河全长253千米，流域面积6000平方千米。

淠河，古名沘水、白沙河，有东、西两源。西源漫水河，东源黄尾河。漫水河的一条支流发源于岳西、霍山县交界的1556米高的李家寨山。这里山高林密，山路崎岖，是霍山石斛的主产地。漫水河逶迤向北，水量丰富，水势浩荡，流入佛子岭水库。漫水河另一条支流发源于岳西县鹞落坪，这里碧潭清影、云雾缭绕，有“小九寨”之称。

东源黄尾河源出多枝尖。它沿路山高林密，公路顺着山势时而在山脚蜿蜒，河水在路旁相伴，清澈见底；时而在半山盘旋，俯视谷底，河水似白练时隐时现，经潘家湾入磨子潭水库。

西淠河，古称淠水，发源于鄂皖交界的金寨县三省垴，支流有7条，以毛坦河、青龙河和宋家河为主要支流。西淠河全长68千米，向北流入响洪甸水库，出库后，先向东南至两河口与东淠河汇合拐向北始称淠河。

淠河流入六安市，这里地势平坦开阔，河水流动变缓，水浅处露出大片河滩形成湿地。闲步长堤幽绝处，青林白鸟翩翩下，再现了落霞孤鹜、秋水长天的怡人景色。

史河在大别山东麓，承接的水源有两条主要支流——牛山河、竹根河。

史河

大别山山脉峰峦叠嶂，云遮雾罩，雨水充沛，这里是可以体验深度呼吸的清肺胜地。在大别山腹地的鄂、豫、皖交界处的棋盘石山，众多的小溪从山涧涌出，奔流而下，向东在茶棚乡汇入牛山河。史河的一条支流竹根河的上游，南流河发源于鄂皖交界的长岭关，河水向北流经斑竹园镇。斑竹园，一个有着好听名字的小城镇，四面环山，一溪碧波从小镇穿过。当每天第一缕阳光洒满小镇时，清清的河水倒映着河岸上人们晨练的身影，给小镇平添了几分柔美。

竹根河、牛山河在斑竹园北合流，即史河。这一段史河不长，在丁埠就融入了梅山水库。除了竹根河、牛山河，还有麻河、白水河等 11 条小河流入史河。建成蓄水的梅山水库，一泓碧水，波光粼粼。站在坝上，遥望两岸，青山绵延不断。平时水平如镜，汛期泄洪时，坝下白浪滔天，气势雄伟。

杭埠河，古称龙舒水。它从大别山而来，孕育了万物，也造就了繁华的集镇，其中有杭埠镇，因此它被改称杭埠河。

杭埠河源出岳西县同安寨西侧石关的猫耳尖。东北流经主簿源，西合龙井河水，一路接纳西河水、查水河后，向东流至舒城晓天镇，再曲折流向东北，于碎

淠河风光

石滩进入龙河口水库，这一段人们习惯称为晓天河。

龙河口水库库区流域面积 1111 平方千米，占杭埠河流域大潭湾以上总面积 1970 平方千米的 56.4%。水库大坝 1969 年竣工，被称为世界第一人工土石大坝。21 世纪初，水库所在地舒城县万佛湖镇开始利用库区自然资源开发旅游项目，并命名为“万佛湖”，为 AAAAA 级景区。

杭埠河出水库后，继续东北而流，一路曲折，折东经杭埠后，进入庐江县的广寒、王氏六渡，折北至肥西县三河镇，与丰乐河汇合，注入巢湖。全长为 145 千米，流域面积 3064 平方千米。

杭埠河在龙河口水库以上为山区。那里落差大，一路上绿水清潭，有许多优美的景色，也接纳许多支流，如河棚河、龙潭河、南港河、清水河。20 世纪 70 年代，为了改善涝灾，灌溉农田，对杭埠河主河道进行了治理改造，兴建涵、闸、桥及排灌站等，使得杭埠河成为一条造福于民的河流。

16 丰乐河：水上长廊秀古镇

丰乐河档案：

丰乐河为长江水系巢湖的支流，是巢湖的主要支流之一。它主体在肥西县境内，串联山南、柿树岗、花岗、丰乐和三河等乡镇。

在肥西大地上，有一条小河叫丰乐河，它蜿蜒百里，穿越平原，注入巢湖。河两岸有许多村落，还兴起了几个著名城镇，其中有名的有千年古镇——三河。

丰乐河古称桃溪，清代称后河，又名界河，还曾叫凤落河。民间流传着一个传说：过去枫梓堰边栖息着一对美丽的凤凰，百鸟都要到这里朝见。枫梓堰里有一条黑鱼精很嫉妒，有一天它跳出枫梓堰，要吃掉凤凰。凤凰鸣叫着向北飞去，落在一条小河里。老百姓认为凤凰是吉祥之鸟，于是纷纷迁居到它落脚的地方。因此，这条小河叫凤落河。一年一年过去了，这里没有出状元、宰相，倒是风调雨顺、五谷丰登，大家便把凤落河改为丰乐河。

穿过三河镇的丰乐河

丰乐河有三支源流，都在大别山深处的六安。北支称思古潭河，源于小椿树岗；中支源于凤凰台的驻马尖和横塘岗的豪猪岭；南支称张母桥河（又名小界河），源于大山寨骑马岗。这三支水流在龙咀会合，成为丰乐河主体，东流至桃溪，河道弯曲。过桃溪大桥后，续东流经新仓、三河镇，于大潭湾汇入杭埠河，全长 117.5 千米。

丰乐河有的河段幽深难测，有的河段流淌缓慢。其中，楠木铁索桥至丰乐桥河段，河道落差小、流速缓，滩连碧波。这里适合漂流，挥桨拨浪，有惊无险，乐趣横生。两岸或壁立千仞、天开一线，或回峰阔岸、河水清涟，或岸沚汀兰、翔鱼浮鸳，其乐无穷。

远离河岸的万亩良田中，春天油菜花竞相开放，蝶绕蜂恋，一片花的海洋；秋天瓜果成熟，沉甸甸的稻穗压弯了腰。人们在城里待久了，来到这里，放下生活的烦恼，收获轻松的心情，体会最原始简单的劳作与丰收的喜悦，将自己完全融入大自然的怀抱中。

由于上连大别山山区，下接巢湖，远贯长江，丰乐河在过去为黄金航道。大别山的土货经过丰乐河运出，而上海、南京等地的布匹则是从丰乐河运进。在物资交流过程中，孕育出了几个地方经济重镇，如桃溪、丰乐、三河等镇。

丰乐镇依河而立，是沿河千年古镇之一。这里自然景观优美，曾有金波浴日、圣境钟声、柳林晓雾、虎嘴塘荷、大柏竹林、梨园春色、长塘凉亭、长屋粮行、萧桥夜月、古张舟火等景致。同时，这里人文景观荟萃，上至千年前的三国故地西凉城遗址，下至近代董氏祠堂、古炮楼……都让人萌发思古之情。

据说，宋末元初有一个叫刘十万的，善于做生意，靠丰乐河把家业做得很大。为了财产安全，他在镇西侧筑城墙，操练乡丁，今存有“刘家城埂”遗址。一代名将张治中少年时曾在丰乐镇的“吕德胜号”商铺里做学徒，从那时开始接触并阅读报纸，了解外面的世界。

从丰乐镇至三河镇，间隔十里水上长廊，徜徉在碧波荡漾的河上，轻风拂面，岸边青草依依，绿树丛荫。村落散落其间，牛羊若隐若现，一派恬静闲适的水乡景象。

17 东淝河：淝水之战发生地

东淝河档案：

东淝河古名肥水，是淮河右岸的一级支流，位于长江、淮河分水岭的北侧。东淝河自西源至瓦埠湖河口，全长152千米。

安徽境内，有四条“淝河”，即东淝河、西淝河、南淝河、北淝河。东西北淝河都注入淮河，其中西淝河、北淝河在淮河以北，分别在凤台县和五河县的沫河口注入淮河。东淝河、南淝河在淮河以南，东淝河经瓦埠湖，最后流入淮河；南淝河是合肥的“母亲河”，在肥东的施口注入巢湖。

合肥名称的由来就与淝河有关。北魏郦道元《水经注》云：“夏水暴长，施（今南淝河）合于肥（今东淝河），故曰合肥。”唐代有人提出另一种说法，淝水出鸡鸣山后一分为二，其中一支东南流，即南淝河，流入巢湖；另一支西北流，即东淝河，经过寿春进入淮河。《尔雅》上指出“归异出同曰肥”。从两种说法来看，合肥名称都与南淝河和东淝河有关。

东淝河古称肥水。源出江、淮分水岭北侧，东与池河、窑河流域为界，西邻淠河流域，北抵淮河。董铺以上为双干河道，东干称天沟河；西干为主源，称东淝河。

寿县境内东淝河

高空俯瞰东淝河，它同样曲折多姿。主源流出六安龙穴山，向北流入肥

东淝河

西县境，经过金桥后，邂逅淠河总干渠金桥涵即淠河水域与东淝河交汇处后，东淝河又折向西北流，重新回到六安境内，接纳青龙堰的来水，等一路接纳桃园河、天沟河等水流后，在董铺与西干会合。

东西两干会合后，东淝河继续一路逶迤，它选择了北流，经石埠、船涨埠，至白洋淀注入瓦埠湖。这里鸟飞鱼游，一派宁静而优美的风光，一方富足，一方风情。

东淝河流入瓦埠湖后，出钱家滩，经东津渡、寿县城北五里庙，过东淝河闸后，它拥抱了淮河，随淮河波涛滚滚东流。

让东淝河彪炳史册的是历史上著名的淝水之战。淝水之战，发生于公元383年。前秦出兵伐晋，于淝水交战，最终东晋仅以八万军力大胜号称八十余万的前秦军。淝水之战的结果使东晋王朝的统治得到了稳定，为江南地区社会经济的恢复和发展提供了必要的契机。淝水之战还留下了风声鹤唳、草木皆兵、投鞭断流等成语与典故，载入了中国文化史册。

东淝河是一条有历史文化底蕴的河流，也是一条生态优美的河流。它一路曲折而来，在大地上演绎多姿的风采，有浪急幽深的源头，也有开阔的水面铺张，更多的时候是滩涂中穿行，吸引牛羊为伴、飞鸟翱翔。

东淝河宁静、平淡，带着母亲般的柔情，哺育着万物生灵。

18 南淝河：肥水东流无尽期

南淝河档案：

南淝河东南流向，至合肥夏大郢进入董铺水库，于大杨店南出库后，穿亳州路桥，经合肥市区左纳四里河、板桥河来水，穿屯溪路桥至和尚口左纳二十埠河来水，至三汊河左纳店埠河来水，折西南流，最终注入巢湖，全长70千米。

南淝河经合肥市区注入巢湖，全长70千米。虽谈不上源远流长，但百姓世代择水而居，饮用灌溉，捕鱼捉虾，淘米洗菜。南淝河润泽了这方土地，养育了这里的生灵，是合肥真真实实的“母亲河”。

有人说，没有南淝河，就没有现在的合肥城。水运年代，南淝河是合肥的黄金水道，各种物质由此进出。许多资料记载，过去，合肥及周边大部分的竹木，大都是走长江，经巢湖，再从南淝河水上运来的。巢湖的石灰、砖瓦，以及农产品等经南淝河运到合肥。

合肥地处皖中，古有“淮右襟喉，江南唇齿”之誉。司马迁《史记·货殖列传》中记述：“合肥受南北潮，皮革、鲍、木输会也。”

可以想象这样一幅画面：清清河水，河上木船竞渡，白帆高挂。这就是过去南淝河呈现出的一道靓丽风景。

溯本求源，南淝河的源头在哪？对此，历史上曾有鸡鸣山说、兰家山说、紫蓬山说、小蜀山说、将军岭说和乱流说，可谓众说纷纭。近代又有长岗说和长丰多源说，一直争论不休。2009年开始，专家、学者多次对南淝河流域范围内的肥西县境内的河源区域和主要水系进行了全面考察，最终确定南淝河正源为董铺水库上游河道北源右支，始于江淮分水岭东南侧，跨肥西、长丰两县交界处。由此，人们在合肥高刘岗北村的红石桥处立正源碑，结束了千年纷争。

南淝河自江淮分水岭东南流向，至夏大郢进入董铺水库，于大杨店南出库后，穿亳州路桥，经合肥市区左纳四里河、板桥河来水，穿屯溪路桥至和尚口左纳二十埠河来水，至三汊河左纳店埠河来水，折西南流，于施口注入巢湖。

南淝河在合肥城中蜿蜒，形成许多临水绿地、公园等景观，宛如一条翡翠项链，环绕在城市的脖颈。其蜿蜒的河道上，又建起屯溪路桥、当涂路桥、四里河桥、怀宁路桥、潜山路桥、宋斗湾桥、蒙城路桥、寿春路桥、长江路桥等桥梁，在方便交通的同时，也为合肥增添了风采。

过去，合肥城内河流纵横，古桥众多。凭桥观水，其情悠悠。公元1191年，南宋著名词人姜夔就在赤阑桥上，写下一首美丽的词《鹧鸪天·元夕有所梦》，词曰："肥水东流无尽期，当初不合种相思。梦中未比丹青见，暗里忽惊山鸟啼。春未绿，鬓先丝，人间别久不成悲。谁教岁岁红莲夜，两处沉吟各自知。"

如今的南淝河虽然不再是旧日的黄金水道，但它作为省会城市的一条主要河流和风景地，给合肥增添了古诗词般的灵动和韵味。河流以城池为界，被分为上游、中游、下游三段。现在，上游结合森林公园，突出绿色生态的景观理念，打造出一处处亲水空间。中游利用沿河已有景观和空间条件，不但打造成了环城游憩和运动休闲场所，也成为城市魅力的一个展示平台。随着城市的发展，下游在成为连接中心城区与滨湖新区"绿色纽带"的同时，侧重乡野生活物质载体，利用市郊近巢湖的生态农业特色，建设成了沿河滨湖的田园景观。

南淝河，一条古韵悠悠的河流，一条风光迷人的都市母亲河。

金色颍河岸

⑲ 颍河：千里白练系皖北

颍河档案：

颍河，古称颍水，相传因纪念春秋郑人颍考叔而得名。其主要支流为沙河，因此也被称为沙河或沙颍河。颍河属淮河的支流，发源于河南省嵩山，经周口市、太和县、阜阳市、颍上县等，注入淮河，为淮河最大的支流。全长620千米。

一望无际的淮北平原，一马平川。站在高处远眺，绿色蔓延的地方如一片片绿色的大毡子，一览无余。

这里很少有山，而那纵横交错的河汊沟渠，以及河流旁边高大挺拔的绿化树和葱茏碧绿的河边草，就成了一种珍贵的韵致。

颍河，让阜阳大地有了不一样的魅力，它就像天上飘来的一条白练，蜿蜒绵亘在皖北大地，格外引人瞩目。

相传，颍河之名与春秋时期郑国大夫颍考叔有关。颍考叔担任过所封颍谷的官职。《左传·隐公元年》记载了颍考叔事迹。郑庄公继位后，他的母亲武姜与他不和，暗地帮助小儿子太叔段谋袭郑国都城夺取君位，郑庄公识破阴谋并平定了太叔段之乱，将武姜迁出后宫，安置在颍地居住，并发誓不到黄泉，决不相见。不久，郑庄公又后悔。颍考叔听说了这件事，给庄公出主意，派人去挖一地道，挖出“黄泉”，在“黄泉”边见母。

颍考叔一向勤政爱民，他很爱颍水边的田园，在那里建造了一处宅院。一到初春，颍考叔便开始耕种，还情不自禁唱起《耕耘乐》。周围农夫们听到颍考叔唱歌，也就跟着唱了起来。霎时间，颍水河畔歌声四起……这是很动人的劳动场景。

颍河从嵩山而来，一路曲折前行。在少室山和箕山之间，有一道宽约 200 米的峪谷，两边峰峦叠翠、林木葱郁。中间一池清澈泉水汇成小溪，这就是颍河的源头珍珠泉。

颍河是淮河最大的支流，颍河历史上是黄河夺淮主泛道之一，受黄河泛滥影响，洪涝灾害严重。1958 年、1959 年人们在干流上建闸制流，后来又开挖了茨淮新河，颍河就成了惠泽一方的母亲河。它流经农村，沿途绿树成荫，鱼虾丰富。它流经城市，以独特的灵性给了城市诗意。

在阜阳闸和颍上闸两个枢纽，水面辽阔、清幽，仿佛大地上瑰丽的大翡翠。当开闸泄洪时，滔滔洪水一泻千里，非常壮观，让人感叹人类的伟大。

颍河接纳了许多支流，也串起了许多城市。沙河、北汝河、涅河、双洎河、贾鲁河、汾泉河、茨河、皇姑河等滋润着大地，在水运年代，实现了物产的便捷流通。所以颍河与黄河、伊洛河一样，都孕育了中华文明。这里还有龙山文化等重要文化遗存，颍河两岸曾发生了众多历史大事，留下了一系列灿烂文明。

淮河与颍河交汇处是颍上县，独特的自然和地理环境孕育了丰富多彩的颍淮文化。这里是“华夏第一相”管仲的故里，也是花鼓灯艺术和推剧的发源地。有颍河滋养，这里湿地众多，便有了八里河、迪沟风景区。

颍河在安徽段有的壮阔，有的清秀，有的质朴，有的时尚。颍河两岸多为梯田，每年春耕开始时，农民在颍水河畔耕田种地，扬鞭驱犊，好一幅天然春耕图。

20 涡河：老庄河畔曾沉吟

涡河档案：

涡河发源于河南省尉氏县。东南流经亳州、涡阳、蒙城，于怀远县城附近注入淮河，是淮河第二大支流，呈西北东南走向，河流总长423千米，安徽境内长227千米。

涡河两岸有50多条支流汇入，其名称与皖南的清清溪水不同，它们以“沟”为名，比如，汤家沟、新沟、黄家沟、帖家沟、王家沟、陈家沟等。涡河排水流畅，有“水不逾涡”之说。

涡河两岸土地肥沃，物产丰富。战国时期，挖了一沟，从河南荥阳、开封入安徽，沟通涡河入淮河，楚汉相争时，以此为界。这就是“鸿沟”一词的来历。

涡河历来是豫、皖间的水运要道，但由于受黄河决口泛滥之害，涡河泥沙淤积，河床抬高。20世纪50年代，西淝河、茨河、北淝河流水不畅，改道排入涡河。后来，为发展灌溉，干支流疏浚河道，建闸蓄水，闸上水面宽阔、平稳，可供灌溉和航运。每当洪水来临，开闸放水白浪滔天，犹如万马奔腾，呼啸而去。

涡河为历代漕运之要道，也是中原地区航运最繁忙的水道之一。明清时期，在涡河之上，亳县（今亳州市）配有专门的漕运船只，往来于寿州（今寿县）、凤台、怀远、定远、六安、颍州、太和、蒙城等地。

涡河浩荡，滋养着中州大地，孕育了庄周哲学，积淀了无为而治的历史文化。

一方水土养一方人。涡河历史悠久，名人荟萃。一代英雄曹操，消灭群雄，统一北方，创立建安文学流派，暮年犹“老骥伏枥，志在千里”。探索怎样度过一生的人，不妨在老子的《道德经》里寻求答案。《道德经》在国外备受推崇，欧洲有60多种译文，印刷数仅次于《圣经》。庄子的“清静无为”“天人合一”说与老子有异曲同工之妙，合称“老庄哲学”。蒙城县涡河边八景之一“庄周梦蝶”似可佐证庄子与涡河的渊源。

历史上，涡河、茨河、北淝河在蒙城“三河横贯”，“淝、茨淤塞”，水患频繁。后来，经多年疏浚，开挖阜蒙新河，河水不再为害。沿着涡河行走，享受的是文化之旅。

涡河与淮河在怀远汇合，荆山、涂山夹淮河而立，河面变窄，流水湍急。涡河绕过荆山，由北向东汇入淮河，此处河面常常是风急浪高，正如诗句“帆峭风狂搅客眠，依稀芦苇有炊烟。家家屋角山如黛，夜夜街头浪拍天”描绘的情景一般。涡河与淮河交汇处，清浊分明，激浊扬清，水面十分壮阔。

充沛的水量滋养着一方土地，一方风物。欧阳修用“一夜四郊春雨足，却来闲卧养明珠”一句形容了怀远涡河两岸的富足。这里盛产优质稻米、小麦，怀远大闸蟹、五岔烧全鸡享誉全国。

涡河静静地流淌，孕育着生灵，孕育着文化。

涡河晨曦

㉑ 石梁河：汴水西道今胜昔

石梁河档案：

石梁河系怀洪新河下游左岸较大的一条支流，宋、元时期曾为汴水西道。流经皖、苏两省的泗县和泗洪县，流域范围东以洪泽湖为界，南至天井湖湖区，西与唐河为邻，北界濉河。

石梁河以它优美的风景，为生活装点美丽。今天的“水韵泗州”，依赖于石梁河的水性与灵气。

石梁河虽然地处皖北，但置身其间，仿佛来到美丽的江南。河畔树枝轻摇，鸟儿雀跃。河水有的碧绿、有的浅黄，在河草与绿树的掩映下流向远方，如蜿蜒的游龙，又如舞动的飘带，流入大荒。

玉米、高粱、甘薯、瓜类等农作物与散落其间的村落，如一幅幅诗意盎然的水彩画，更是纯美、自然的生态图。

石梁河流进乡村，带来了惠泽与幸福；石梁河流进城镇，为城镇增添了无穷的灵气和魅力。人们在河畔建了很多亭台轩榭，以便劳动之余来此休息。每当朝霞初升或夕阳晚照时，金水、绿柳、亭榭无不投射出勃勃的生机。

石梁河沿岸还建有多处雄伟壮观的排灌站和整齐的堤坝，堤坝上有的地方还植有高大的绿化树，既是风景又是堤岸庇护。行走在这些堤坝上，看碧波荡漾，看小舟轻摇，心情无比愉悦。

今天，石梁河面貌一新。其中，泗县石梁河景区是安徽水利风景区，它北接新濉河，南抵新汴河，东含世界文化遗产——中国大运河通济渠泗县段，中部依托清水湾公园、北护城河而建，景区面积7.93平方千米。这里秉承人文、亲水、休闲、生态的主题，水的自然之美与城市风貌有机结合，重塑城市滨水空间，为居民提供了休闲娱乐的好去处。

每当夕阳西下，人们来到河畔，散步谈心。看那清水湾公园里，泗州戏戏迷

们聚在一起，一次又一次感受家乡戏曲的魅力，而河畔垂柳下一对对青年，正憧憬着美好未来。这是多么和谐的画面，这是石梁河的新乐章。

22 濉河：濉水清怜红鲤肥

濉河档案：

老濉河源出砀山县东下楼，洪河为其主源，向东偏南流，经砀山、萧县、濉溪、宿州、灵璧、泗县及江苏泗洪等地，于临淮头注入洪泽湖。1968年经整治，新濉河起源宿州张树闸，向东进入江苏省泗洪县注入洪泽湖，全长140千米。

濉河穿越万年时光，奔流在皖北大地，这里有自由生长的大片湿地，文脉悠长的滨水古城，两岸望不尽的滚滚麦浪。

濉河养育了人们，滋润着生活。看吧，村庄在阳光下熠熠生辉，河里，“白毛浮绿水”的家禽在清波上游弋，一幅浓墨重彩的水墨画卷，展示了浓郁的生活气息。

濉河，古称睢水，为古代鸿沟支流之一。它源出砀山县东下楼，洪河为其主源，向东偏南流，经砀山、萧县、濉溪、宿州、灵璧、泗县及江苏泗洪等地，于临淮头注入洪泽湖。比起肆虐的黄河，濉河像饱受欺凌的弟弟，不断被泛滥的黄河水侵占，河道多变。1968年，经改道疏浚，自宿州的张树闸发源的水流被称为新濉河，向东经时村，转向南，经灵璧、泗县，进入江苏省泗洪县注入洪泽湖，全长140千米。

濉河暮色

新濉河沿途接纳奎河、拖尾河、运料河、三渠沟、虹灵沟以及数不清的水流，广袤的土地受益河水的灌溉，稻麦两熟，鱼跃虾跳，一条河富了一方百姓。

宿州虽是平原，北部与萧县接壤处却是山脉绵

国道104桥穿过北濉河

延，濉河水发源于宿州北部山区，一条条细流顺着山势缓缓向南，流过皖北重镇符离集。这里地势开阔，平畴沃野，盛产小麦、大豆、玉米，是粮食主产区，濉河静静地流过，默默地浇灌着这片沃土，流淌的是符离集烧鸡的美名。古符离村东北二里处的濉水南畔，有一片高台宅基地，当地老百姓叫白堆，这就是唐代诗人白居易故居——东林草堂遗址。据有关资料记载，白居易在这里留下了“离离原上草，一岁一枯荣。野火烧不尽，春风吹又生”的千古名句。白居易生活的时代，宿州地区的陴湖还没有被黄河水泛滥淤平，这里鸥鸟翔飞，他喜爱濉河里的鲤鱼，常常与朋友们相聚，留有“陴湖绿爱白鸥飞，濉水清怜红鲤肥。偶语闲攀芳树立，相扶醉蹋落花归”的诗句。

没有公路、铁路的年代，人们出行、货物集散主要靠水路，滨水城镇逐渐形成，绵延至今。时村镇便是这样形成的，商贾云集，繁华热闹。

濉河流经濉溪县段，已经建成了公园，它和东湖湿地公园、南湖水上公园、相山公园遥相呼应，为濉溪人提供了休闲、锻炼的最佳场所。

濉河之上，新桥如一道长虹，气贯西东，非常壮观。站在桥中间向远处眺望，大堤的景色尽收眼底。每天傍晚，人们相聚濉河公园，三步一棵桃，五步一株柳，行走其间，如在画中。夜幕降临，万家灯火倒映在老濉河上，阵阵蛙鸣与水禽的嬉戏声汇成一曲濉河之夜的交响。

湖光曼妙

江河奔流，遇洼成湖，遇峡成泊。580 多个大小湖泊，随意散落，清如翡翠、润如碧玉。

八百里巢湖山色空蒙，万佛湖上树影婆娑，太平湖风姿绰约，升金湖上白鹤飞舞……

湖泊幽美，映衬山河之美，也润泽安徽文化。在这片神奇的土地上，先祖们构木为巢，临水而居，把希望播种，将文明撒播！

巢湖

㉓ 巢湖：中国第五大淡水湖

巢湖档案：

巢湖位于合肥，为中国五大淡水湖之一。四周分布着银屏山、凤凰山、冶父山，流域总面积 13130 平方千米，流域内有杭埠河 – 丰乐河、派河、南淝河 – 店埠河、柘皋河、白石天河、兆河、裕溪河 7 大水系。

湖光山色相得益彰

很少有一个地方像巢湖一样，襟江而又拥湖，大江大湖在这里交汇，江南江北文化在这里集聚。景区山环水秀，风光迷人。历史上许多著名的政治家、军事家和文人墨客给这里留下了众多的名胜古迹和灿烂的诗文，与湖光山色相得益彰，融汇成一道道独特的风景线。

上古时，林木茂密，野兽很多，经常侵扰人类。后来有巢氏发明了在树上构造木屋。于是大家把这个人视作圣人，推戴他为部族首领。据考证，有巢氏在巢湖一带活动。

八百里巢湖烟波浩渺，帆影迷离，湖光山色，交相辉映。湖中央有姑山、姥山两个岛屿，被誉为“两颗宝石”。其中，矗立于湖心的姥山岛，面积 0.86 平方千米，古有望儿塔、圣妃庙，今建娱乐城、度假村，来此游览如进入虚幻梦境、世外桃源。相传“陷巢湖”时，焦姥为救乡邻，自己被洪水吞没，化成了姥山，她的女儿化作姑山。姑姥相望遥遥无期，万顷波涛诉说着断肠般的母女亲情。

姥山山顶有座著名的文峰塔，建于明崇祯四年（1631）。民谣有“姥山尖一尖，庐州出状元”的说法。据说，庐州知府严尔圭为印证此谣，主建该塔层，清光绪四年（1878），洋务大臣李鸿章续建完工。塔身由条石垒筑而成，七层八角，共 135 级，51 米；塔内砖雕佛像 802 尊，有李鸿章、刘铭传、李鸿章胞兄李瀚章等所题石匾 25 幅。登塔凭窗远眺，但见水天一色，令人逸兴遄飞。

中庙傍湖凌空而建，与姥山岛隔水相望，称“湖天第一胜景”。巨大石矶深入湖中，呈朱砂色，形似飞凤，被称为凤凰矶。中庙寺建在凤凰矶上。史料记载，中庙寺始建于东吴赤乌二年（239），历代屡废屡修。到清代时，李鸿章倡募重修。整个庙宇楼阁重檐飞出，灿灿生辉。“湖上高楼四面开，夕阳徙倚首重回。气吞吴楚千帆落，影动星河五夜来。”诗句吟诵的正是她别样的景致。

湖四周名胜众多，有半汤、香泉、汤池三大温泉，有太湖山、鸡笼山、冶父山、天井山四个国家森林公园，称“四块翡翠”，还有仙人、紫微、王乔、华阳、泊山五大溶洞。

在黄麓镇观看湖光山色很有意趣。行走在旅游观光大道上，看浩渺巢湖，让人诗意萌生。镇原名桐荫镇，张治中创办的黄麓师范闻名遐迩，此外，相隐寺、竺城寺、掇英轩都提高了这里的文化品位。

巢湖沿岸许多湿地也是美丽的景致。其中黄麓镇芦溪湿地附近水域，每天都会有成群红嘴鸥、鹭鸶和各类鹬鸟等在此觅食嬉戏。它们时而静驻池塘，时而空中成群飞舞，和谐动人。尤其是日出日落时分，红色阳光铺在水面，水中灌木丛生，富有诗意的画面吸引了许多摄影爱好者。

今天，环巢湖大道也是一道靓丽风景。每逢周末，市民们驱车大道，湖风悠悠，怡然自乐。

日出斗金水产丰

喜鹊与槐树，是巢湖本土由来已久的动植物。在市域乡村房前屋后，常有喜鹊在树上垒窝栖戏。巢湖人普遍认为喜鹊是吉祥鸟，常言道：“喜鹊叫，贵客到！”《诗经·召南·鹊巢》：“维鹊有巢，维鸠盈之。之子于归，百两成之。”传说就是因巢湖上空这成群的喜鹊，引起了有巢氏的注意，启发了他构木为巢，“以避群害，而民悦之”。

历史上巢湖四周层峦叠嶂，树木苍翠，湖水清澈，鱼虾满湖。由于巢湖是一通江浅水湖泊，加之具有大面积的沼岸草滩和水生植物，为洄游及半洄游性鱼类提供了良好的产卵繁殖与肥育场所，也为定居性鱼类创造了适宜的栖息条件。因此水产资源丰富，以“日出斗金”著称。巢湖水产丰富，特产有银白鲜嫩的白米虾、体大肉肥的金甲红毛蟹。小小的银鱼是鱼中珍品。湖中还产毛刀鱼，相传

巢湖龟山湿地

巢湖落日

这是鲁班建中庙时，撒下的刨花所变。这些美食只是听着就让人流口水了。

自然环境优越孕育了丰富的物产。每年举办的合肥龙虾节，不仅“惹火”了龙虾餐饮业，也让巢湖水产业迅速发展起来。一方水土养一方人，八百里巢湖滋养了岸边的百姓，也造就了独特的饮食文化。巢湖丰富的水产品不仅让本地人大饱口福，还远销海内外。凤凰卫视曾制作《舌尖上的巢湖》专题片，片中画外音称：“流水线上鱼肉的鲜味与营养被冰封住，等待世界各地的食客们去唤醒它们。”

人文巢湖文脉深厚

巢湖之美，不仅在于她的辽阔浩大和物产丰富，更在于人文巢湖文脉深厚。这里，名流辈出，孕育了李鸿章、丁汝昌、冯玉祥、张治中、李克农、孙立人、戴安澜、张恺帆等时代风云人物及林散之、鲁彦周、吕其明等文艺名流，展示出巢湖儿女主体风貌。

湖中姥山庙有一副长联，上联为“百八里形胜参差，欲盖览绮丽春光，正烟消雨霁，岑楼上洞启疏棂，远黛修容环献媚”，下联为“万千层涛澜汹涌，若别领清幽秋景，迨风息波恬，长夜间徙倚山渚，冰轮跃彩遍浮金”，高度地概括了巢湖千古名湖的瑰丽景观。

若俯瞰巢湖，便可见“气吞吴楚千帆落，影动星河五夜来”的壮观。若从湖汉登上游艇，轻舟快速向南航行，便可见浩渺的巢湖水天相连，一望无际。正如李鸿章诗云：“巢湖好比砚中波，手把孤山当墨磨。姥山塔如羊毫笔，够写青天

巢湖中庙

八行书。”

唐代诗人杜荀鹤《过巢湖》诗云：“世人贪利复贪荣，来向湖边始至诚。”展现了诗人过巢湖时被清澈的湖水洗涤心灵之后的顿悟。清代大画家们更是被巢湖吸引，丹青抒怀，记下永恒的美丽。更多诗人为之歌吟，于是巢湖在诗词里流淌日月，风韵千古。

24 八里河：水上农民公园

八里河档案：

八里河位于颍上县南部的八里河镇，它实际是一个大型内陆湖，南临淮河，东濒颍河。八里河风景区是国家AAAAA级风景区，占地面积3600亩，享有“天下第一农民公园”之称。

八里河名字里有“河”，其实是一个大型内陆湖。远古时期地壳发生以沉降为主的地质运动，形成低山丘陵地貌，第四世纪淮北平原河流发育，地壳微弱回升，进入10世纪，黄河多次南泛，沉积物不断覆盖、堆积，滞留积水，最终形成这一内陆湖泊。

这片区域，淮河、颍河穿区而过，留下了大片湿地和沼泽，野生动植物资源丰富，八里河为核心区域，湖洼交错，圩区纵横。在这块土地上，戴家湖与柳沟河，洪水泛滥时一片汪洋。《颍上县志》记载：“众水所潴，故汪洋浩瀚，其势特大，南北相距八华里许，故曰八里河。”历史上，南来北往的人仅靠几只破船

渡河，当地有民谣形容过河难：“八里河，河难过 / 一条破船载满客 / 站在岸边等啊等 / 摇摇摆摆到日落。”

经过一次次的整治，八里河现在是片非常美丽的水域，它地处暖温带向亚热带过渡地带，年平均气温 15.1℃，气候宜人。

八里河风景区是水上公园，景区占地 15.8 平方千米，包括“世界风光”“锦绣中华”“碧波游览区”等几个部分。走进去，就走进一个浩大的世界。

在“世界风光”景区里，人们可以欣赏到希腊宙斯神庙、法国雄师凯旋门、德国柏林众议院、荷兰风车、巴黎圣心教堂、北海白塔。这些建筑既充满异国情调，也满含中国元素：在高高的西方宙斯神庙里，中国锣鼓唢呐声喧天作响；希腊雕塑下面，皖北的大爷大妈们表演着极具特色的中国传统小剧目。真是中西合璧，相映成趣。

“锦绣中华”是水上公园内的重要景观。这里绿树成荫，繁花竞放。依临荷花池建的回廊，错落有致，让人仿佛置身于人间天堂。

湖水荡漾，锦鳞游泳；回廊迂回，绿树婆娑。夏天，水面生长着大片的野菱角，放眼望去，满目青翠，正合王安石诗中的意境：“草头蛱蝶黄花晚，菱角蜻蜓翠蔓深。”

这里有白雀寺，又名白角寺。殿宇轩昂，古朴风雅。寺庙分为大雄宝殿、天

八里河晨曦

王殿、观音殿、地藏殿。寺院清净，梵音袅袅。

八里河日出

湖面上有许多小岛，岛之间有桥梁相连，多是吊桥。桥面由木板搭建，辅以铁链搭成的扶手。诗曰：“南湖一景步云桥，亦幻亦真魂欲飘。忘却世间烦恼事，不知今日是何朝。”走在桥上，人不摇自晃，犹如踩在半空，有步入云端的感觉。也有些人会故意大幅晃动，用桥来试胆量，用桥来宣泄热情。湖北侧白塔南面有百米天池浴场，让人彻底回归大自然的怀抱。

这里还有一股书香雅韵。走进清香书院，如花之清香，淡雅脱俗。书院面积不大，但婉约清雅。有红柱绿瓦的回廊，有白曲桥、红阁亭，可以走，可以坐，舒适自得。

坐游艇，走木桥，登湖中群岛，观河马、鳄鱼，逗群猴，看神龟、蟒蛇，观赏蒙古野驴、新疆野马、蒙古骆驼、海豹、狗熊、长颈鹿、熊猫、黑天鹅等多种世界珍稀野生动物，俨然是动物园。

这里也是鸟的家园，随着环境持续改善，湖区留鸟日益增多。每年冬季，越来越多的候鸟在湖区停歇、栖息。

“八里河鸟知多少，飞时遮尽云和日，落时不见湖边草”，这是八里河自然保护区的真实写照。在这里，可以看到天鹅、大雁、野鸭，也可以看到国家一级保护动物丹顶鹤。

八里河素以水产业闻名，优质水产品有鳜鱼、武昌鱼、甲鱼、螃蟹，是皖西北重要的商品鱼和鱼种生产基地。八里河镇也就成了阜阳市水产状元镇。

到八里河旅游，看世界风光，游锦绣中华，看碧水，听鸟语，还可以品尝颍上美食。“驴肉滚三滚，神仙站不稳。吃了驴板肠，小孩忘了娘。”还有枕头馍、四味元宵等等，每一种都滋养味蕾，令人难忘。

距八里河不远有尤家花园。它位于县城西五里湖畔，建于1923年，占地80多亩，前身是豪绅尤荫轩的私人花园，名叫“游园”，人们称为“尤家花园”。花园四面环水，中间三条水系将园区分为四个部分，以“奇花、异草、型松、怪石”著称，素有“皖北豫园”的美称。如今，东至五里湖大沟，西至尤家花园西侧，南至慎城镇大吴村，北至迎宾大道进行了河道景观绿化、配套工程建设。2012年，尤家花园·五里湖生态湿地被评定为国家AAAA级旅游景区。

25 万佛湖：百里秀色山水图

万佛湖档案：

万佛湖风景区位于舒城县，是集旅游观光、休闲度假为一体的综合性旅游度假区。湖面面积 50 平方千米，为国家 AAAAA 级景区，是国家水利风景名胜区。

万佛湖距离合肥不过 70 千米，享有“庐州后花园”之称。

走近万佛湖，一座高峨牌楼立在行道左前方。八柱三门三层塔形建筑，飞檐翘角，由皖籍著名书法家赵朴初手书的“万佛湖”三个鎏金大字，字体圆润而秀丽，红底映衬，极为醒目。

万佛湖大坝是万佛湖风景区最为壮观的景观。过去，这里旱涝灾害严重，后来 20 万人次投身建设龙河口水库。大坝总长约 1000 米，底宽 190.8 米，高 34 米，气势巍峨。

为什么叫万佛湖呢？龙河口水库纳晓天河、龙河和滑水河等河流之水。诸河流源自千山万壑，最高峰便是万佛山的“老佛顶”，海拔 1359 米。据说是舒城、桐城、庐江、潜山等县境内的众山之祖，其下丹峰上有一座“自生石碑”，碑上有刻于清光绪年间的“万佛名山”四个大字。万佛山下水清秀，湖中的几十个岛屿又宛如众佛拜观音一般，龙河口水库便更名为万佛湖。

极目远眺，湖岸蜿蜒曲折，一个岬角连着一个岬角，形成一个又一个美丽的小曲线、小湖湾。碧绿的湖面上漂浮着一座座青翠的小岛。刘禹锡在《望洞庭湖》中写道：“湖光秋月两相和，潭面无风镜未磨。遥望洞庭山水翠，白银盘里一青螺。”而平静如镜的万佛湖上，则有着星罗棋布的青螺。

万佛湖是极美的，一个重要因素就是其优良的水质。

夏天的万佛湖，湖面上清风徐徐，碧波荡漾，白鹭起舞，野鸭翔集。秋天的万佛湖，湖水澄澈纯净，湖岸层林尽染，天光云影，溢彩流金。冬天的万佛湖，湖水清澈冷峻，草木枯黄，只有松柏和修竹还存留着几分黛绿。寒风奏响如丝如缕的松涛，与拍击湖岸的轻浪相吟和，满含着对春天的渴望。春雨中的万佛湖，朦朦胧胧，缥缥缈缈。春夏秋冬，风霜雪雨，朝晖夕阳，随着季节和天气的变化，万佛湖呈现出多姿多彩的湖光山色。

万佛湖中有60多个大小不一的岛屿，有的如绿龟浮背，有的如鳌鱼出水，有的似紫燕剪水，有的似牛卧浅滩，各显姿态。已开发的岛屿有金海岸、燕子岛、桃花岛、芙蓉岛和徽萃山林等多处，形成了各具特色的游览亮点。

万佛岛上林木蓊郁，花草间陈，岛内建有万佛塔，供奉如来佛、大愿地藏王

万佛湖

渔光曲

菩萨、消灾延寿药师佛和观世音菩萨等佛像，供游人礼佛参禅。

芙蓉岛位于万佛湖中央，四面环水，是万佛湖中最小的岛屿。远望该岛，就像一朵出水芙蓉，亭亭玉立于万佛湖中央。

万佛湖生态环境良好，湖汊港湾纵横曲折，林木水草茂盛丰盈，是各种禽鸟栖息之地，因此造就了“野鸭渚”“雉鸡坞”“白鹭洲”等自然景观，每当“寒波澹澹起”，便看到“白鸟悠悠下”，使人有置身于“海阔凭鱼跃，天高任鸟飞”的境界。

在燕子岛，游客最容易看到的是孔雀。很多城市有孔雀园，但是有山、有水、有草地的孔雀园却不多见。

万佛湖沿湖有几十处自然景观和人文景观，是集山水、岛滩、崖洞、林木、花草、鸟鱼、亭台、水利设施于一体的景区，还有天然的游泳、沙疗、日光浴湖滨。这里不仅风景多彩多姿，农副产品也很丰富，舒城小兰花茶叶名播天下，万佛湖砂锅鱼头誉满庐州。

这是一块风水宝地，这是回归大自然的理想乐园。

26 丰乐湖：群峰中“天池”

丰乐湖档案：

丰乐湖风景区位于黄山市徽州区，是国家AAAA级旅游景区。自桃花溪始，绵延至黄山峰外第一峰，全长28千米，精华部分7.5千米。它是华东地区海拔较高的原生态湖泊景区，被誉为“黄山天池”。

丰乐湖是黄山毛峰的产地，来到这里务必要先泡上一壶正宗的毛峰茶，配以丰乐湖水，可真正体会黄山毛峰的品位和历史悠久的徽州茶文化。一杯清茶在手，四周丹桂的香气阵阵袭来，在幽静中感受独有的文脉气息。那时刻，唯愿时光驻足，永远享受丰乐湖的美好。

谈起丰乐湖，许多人想到德懋堂。堂与湖相映生辉。德懋堂是歙县的一处老宅子，李鸿章少时寄读的私塾，也是典型的徽派大宅。李鸿章曾手书匾额：德懋堂。有一个故事：城市建设中，这座宅子要为建设让路，马上就要被夷为平地。拆的是一栋房子，毁掉的却是一段不能重来的历史啊。当时，清华大学的一位博士

将德懋堂整体搬迁到了丰乐湖畔。一次古建筑的救助活动，成就了一个景区的美好。现在，在满山的青翠和四望无际的蔚蓝中，一片白墙灰瓦被紧密地包裹，一切都好似浑然天成，于是这个景区也就以德懋堂为其命名了。

现在，说起德懋堂，人们就知道它在丰乐湖畔，说起丰乐湖，人们也知道那里有一个德懋堂。自丰乐湖流出的丰乐河沿岸一直是徽商经济的中心区域，丰乐河上的古代水利设施至今仍造福桑梓，潜口塔、文峰塔等镇水宝塔依然矗立河旁。丰乐河水滋养了罗聘、罗愿、祝枝山、黄宾虹、陶行知等众多名人雅士。

丰乐湖的湖光山色也是极美的。湖中岛屿、半岛众多，形态大小各异，高低错落，与绿水青山和粉墙黛瓦的民居相映衬，形成了长潭问茶、关公义岛、车门画境、独钓溪潭、露伴荷花、龙舌生津、幽居龙盘、容成仙台、金牛沐浴、醉倚湖心等“丰乐十景”。丰乐湖沿岸的高山为生态保护区，生态环境十分优美，湖区景色变化丰富：上游为黄山毛峰产地，高山峡谷，山峦叠嶂，绿水如碧；中游岛屿绿洲，青瓦农舍，渔歌帆影；下游则水面开阔，烟波浩渺，波光轻盈，有三峡之俊秀，千岛湖之清丽，洞庭湖之烟波，被誉为“黄山天池”。

丰乐湖犹如一颗祖母绿镶嵌在黄山群峰之中，为黄山作为自然、文化双遗产平添了瑰丽色彩！

27 太平湖：黄山情侣

太平湖档案：

太平湖风景区地处黄山市黄山区西北部，介于黄山、九华山之间。景区总面积312.9平方千米，水域面积88.6平方千米，青山碧水，景致优美。太平湖风景区先后获得国家AAAA级旅游景区、国家湿地公园、国家水利风景区等称号。

在黄山北海风景区的狮子峰前，有一尊独踞峰顶神似猴子的奇石似在向北眺望：当峰下云海翻涌、光影变幻时，人们称其为“猴子观海”；当峰下无云，一片太平景象时，人们又称其为“猴子观太平”。太平就是指位于黄山北麓的太平县（今黄山区）。在太平县西北面有一大片水域，就叫太平湖。

钟灵毓秀的太平湖，素以“黄山翡翠”美景闻名天下。它原为陈村水库，风光绝美，被喻为黄山情侣，与黄山、九华山一起，形成了皖南青山绿水的绝美风

太平湖

光。湖四周青山环抱，翠岗连绵；湖内秀岛错落，星星点点，犹如繁星点缀。湖水澄碧幽深，清澈如镜，水天相接，翠绿相映，兼有西湖的妩媚、太湖的坦荡、漓江的秀丽、三峡的神奇。

太平湖人文荟萃、历史悠久。湖畔曾发现距今7500万年的白垩纪恐龙蛋化石和新石器时代的众家山遗址，湖底“隐藏”着千年古城——广阳城、“三里秦淮”——龙门街等一大批文物古迹。汉代窦子明在陵阳山修道、钓得白鱼升仙之说，引出了李白“杜鹃花开春已阑，归向陵阳钓鱼晚”的诗篇。后人追踪“屈原流放陵阳”至此，南宋理学家朱熹题词石刻“秀荫”两字仍静卧在湖畔。

太平湖曾是流淌不息的大河，两岸是山城古镇，河的下游便是著名的青弋江。中华人民共和国成立后，大兴水利工程，陈村水库便是其中之一。之后，陈村水库改名成太平湖。原来河流两岸的居民都搬迁移民到别处去了，古老的集镇被淹没水底，成了湖底老街。

在太平湖，人们可以游览广阳景区，这里湖面宽广，湖水碧蓝纯净，湖岸村舍倒映水中，犹如水中楼阁，太平湖大桥即在这片湖区的西侧；可以游览黄荆景区，这里是太平湖的精华景区，青山绿水相映，群岛错落有致；还可以游览三门

太平湖倒映青山、建筑，宛如秀美画卷。

景区，这里“江作青罗带，山如碧玉簪”，有“平湖三峡”等景观。

很多人问，什么时候的太平湖最美？太平湖四季均美，四时皆好。太平湖的山水是静的，静中又有着灵动，它的变化是季候、天气、时间赋予的，晨与昏，晴与雨，冬与夏，春与秋，今天与明天，午前与午后，都有着不一样的色调和韵致。仅仅一个日出的过程，就有数十种颜色的转换，同时变换的还有远近的山色、天色和湖光。

太平湖离“仙境”这个词最近的时候是雨后，朦胧变幻的美令人陶醉。冬天清晨的太平湖也宛如仙境，雪后的湖面就更不必说了，那是童话中才有的场景。

28 升金湖：中国鹤湖

升金湖档案：

升金湖被誉为中国鹤湖，位于东至县境内，是重要的候鸟栖息地。1986 年被列为国家重点水禽自然保护区，1988 年被编入《亚洲重要湿地名录》，2015 年入编《国际重要湿地名录》。

升金湖原名深泥湖，因水产丰富，价值“升金”而得名。每年冬天，无数的候鸟在这里栖息，又名中国鹤湖、鸿雁之乡。

传说在很久以前，升金湖畔住着一位后生，人称“渔哥”。一天晚上，他忽听一女子喊：“渔哥哥，救救我！”只见门前的柳树枝上网着一只小白鹤。它本是七仙女的贴身丫环，名叫鹤姑，下凡来湖中游玩，不幸被阴阳先生撒的网扣住。渔哥救了小白鹤。第二年，天降连续大雨，深泥湖溃破。仙鹤从天上飞了下来，伸颈向湖中吸了三口湖水，湖面变得风平浪静。从此湖中的渔业资源更丰富，日产鱼货价值升金。

升金湖东南群山环抱，西傍丘陵岗地，北滨江淮洲圩，湖水清澈如镜，沿湖烟树迷蒙，一派江南水乡好风光。这里气候温和，无霜期长，湖里有鱼类 66 种，软体动物 18 种，水、湿生植物 62 种，大量越冬候鸟排出的粪便补充了湖区的肥力，使植物生长更为繁茂，又促进了鱼类及软体动物的生长，湿地生态系统呈现良性循环。

升金湖

优美的环境和充足的饵料，吸引大量珍稀水禽

来此觅食越冬。据统计，这里有秋冬季鸟类103种，越冬停息水禽70余种。国家一级重点保护动物有白头鹤、白鹤、白鹳、黑鹳、黄嘴白鹭、大鸨、金雕、白肩雕，二级保护动物有白枕鹤、灰鹤、白琵鹭、小天鹅、白额雁、白尾鹞、红隼、黑鸢、草鹗。据统计，每年来此越冬的白头鹤和东方白鹳，分别占全国野生总数的三分之一和八分之一，越冬鹤鹳6种，占全国二分之一。年年冬天，吸引不少游客前来观鸟。

如果说美景是升金湖的外表，那美食绝对是升金湖的灵魂。升金湖水好鱼美，到了升金湖决不能错过鱼宴。小河鱼、鳜鱼、胖头鱼、黄颡鱼、草鱼……当地百姓取湖水煮湖鱼，满街洋溢着香喷喷的鲜美气息，令过往游客垂涎欲滴。湖水中还生长着野生的水芹和菱角菜，纯天然无污染，可口又养生。

升金湖的日出浪漫、唯美。黎明前，静走在湖边，等着太阳一点点从湖面浮现，湖水的上空，陡然铺展了万道霞光，会让人觉得不管经历过什么，太阳总会升起，每天都是崭新的。

29 花亭湖：千重山色万顷波

花亭湖档案：

花亭湖位于太湖县境内，地处大别山南麓、长江北岸，是国家AAAA级旅游景区、国家水利风景区。这里，人文景观丰富，禅宗文化深厚。

“神驰远景无疆，仅尽情领受，千重山色，万顷波光。”这是时任中国佛教协会会长赵朴初写给家乡花亭湖的词句。

花亭湖原为花凉亭水库。这里，山有“千重山色”。那远处的山峦被一层层的雾笼罩着，隐隐约约地才能看见山尖一点，如同一幅梦幻般的国画山水，令人如醉如痴。

这里的水有“万顷波光”。一湖碧水，满眼是那醉人的绿，微风吹过，湖水

泛舟花亭湖

荡漾，令人神清气爽。风平浪静时，水面如镜，清澈照人。日出日落时分，湖光山色交相辉映，一片金碧辉煌。

凌晨的湖区，那就更美了，薄薄的雾气从水面上缓缓升起，如同缕缕轻纱，笼着奇幻的梦，曼妙而缥缈。如逢下雨，眼前便是满湖的烟雨苍茫。

山水相映，美景无限。花亭湖畔人文景点众多，显著的特点是禅宗文化深厚。

位于花亭湖西陲的狮子山，山峦起伏，群峰逶迤，薛义河绕山流过，远看群山似九龙腾云，近看像狮子戏水，山清水秀，云雾缭绕。这里既是禅宗二祖坐禅之处，也是禅宗文化的发扬光大之地。禅宗二祖慧可是北魏的高僧，为躲避北周武帝宇文邕“断佛道二教”之灾，不顾年逾古稀，离开嵩山少林寺，来到太湖狮子山，在狮子山葫芦石洞内面壁参禅。他将印度禅宗与中国传统文化结合起来，创造了中华佛教禅宗文化。后来，他将衣钵传于慧心独具的三祖僧璨，经代代相传，最终传至六祖慧能。

位于花亭湖畔的凤凰山，因五祖弘忍在此山落脚，引来凤凰朝拜而称之为凤凰山。山上有西风禅寺，建于唐代，原名狮子庵，有三重，青砖小瓦，坐东向西，为

佛教禅宗五祖的道场。现存的大殿钟磬常鸣，鼓声不断。

湖畔佛图山早在1600多年前就跻身名山之列，素有“清幽宛是小蓬莱”之称。此地以奇石异景而闻名，古人诗赞：“载道寻春到佛图，石门不掩几千秋。仙塔层层看欲倒，芳景怡人去复留。”

花亭湖的美是一种诗意的美、佛性的美！

30 天井湖：天井浮碧波

天井湖档案：

天井湖位于铜陵市五松山脚下，湖因井、园以湖而得名。其中，天井因地下涌泉，终年高出湖水面2米左右。为AAAA级旅游风景区。

五河县东北部也有天井湖风景区，为AAA级旅游风景区，矿产、遗迹、传说三美并存。

在铜陵市五松山脚下，有碧水清澈的天井湖，湖光山色，相映成趣。天井湖俗称天镜湖，因为它湖面开阔，有八十公顷，犹如大地上一面镜子。

铜陵天井湖

天井湖的神奇在于有一口井，名曰“天井”，传说“上通天，下通海”。井水终年高于湖面两米多，湖水涨则井水涨，湖水落则井水落。民间传说井水由天而来，供过往神仙小憩品茶之用。神话传说东海龙王小女，一日偷偷出游，来到五松山下的湖面，见一憨厚打鱼郎，顿起爱心，便变成美丽的海螺。打鱼郎网住后，不忍心卖掉，放养缸中，自此家中出现奇事，缸里不缺米，灶间有柴烧。小伙子早出晚归，总是锅里有热饭，碗里有热菜。后来，龙王派遣恶龙寻找小女，用暴力胁迫其返回龙宫。龙女不从，拼力争斗。恶龙想吸干湖水，旱死禾苗来擒住龙女。小龙女又变一巨大海螺，从天井倒吸海水，决心“不做仙界金玉叶，誓保人间活命泉”。最终，小龙女力竭身亡，化作螺丝山。

唐代大诗人李白两次来游，流连忘返，写下了“我爱铜官乐，千年未拟还。要须回舞袖，拂尽五松山”等诗句，天井湖的水一定倒映了诗人吟哦的身影。宋代大诗人苏轼、黄庭坚追寻诗仙足迹，游历五松，也在山上建亭游憩酬唱，天井湖

的碧波聆听了他们的唱和。

围绕天井湖，建有天井湖公园。曲曲折折的长堤将湖分为东湖、南湖、北湖等三湖，三湖水面通连。环绕涌泉垒石筑土，建成中洲岛，在井上筑“通天阁”，引井泉经龙嘴流落小池，再滴落湖中，清楚地表明了天井与湖面的水位落差。

经过不断建设，天井湖公园借山水之胜境，精心设计。这里有儿童乐园、天井茶室、溢沁园及长廊水榭、九曲桥、通天阁、牡丹园等 30 多处游憩场所和风景点，加上环湖灯饰工程和观湖、临湖两广场以及江南文化园的装扮，可谓名山与胜水竞秀，新景与古迹争辉，湖光潋滟，山色空蒙，莺歌燕舞，诗情画意。已故著名书法家、原安徽省政协主席张恺帆曾赋诗描写天井湖:“绕堤杨柳万千株，山外有山湖外湖。到眼风光皆画卷，铜陵未必逊姑苏。”

“如果说西湖秀丽妩媚，昆明湖意蕴深远，太湖壮美富庶，鄱阳湖洞庭湖微山湖碧波千里，帆影片片，天井湖却是平朴的、自然的、清秀的，令人备感本色之美。”有人用这样的言语去形容对天井湖的挚爱。

天井湖公园不仅自然美，还有着浓郁的文化氛围，仅仅是山谷碑林，就洋溢着浓郁的文化气息。碑林长廊蜿蜒曲折、古色古香，由赵朴初先生题写碑名，由著名的书法家沈鹏、李铎、刘艺等海内外著名的书法家书写黄庭坚作品。黄庭坚的别名又称黄山谷，所以碑林便取名为“山谷碑林”。

天井湖牡丹园内有近 3000 株江南牡丹，牡丹盛开的时候，游人如织，欢声笑语，一派欢庆气象。

五河县天井湖景区内湖泊总面积 5.2 万亩，湿地面积约 2.8 万亩。湖面芦苇丛生，菱藕飘香，有众多的鱼类和鸟类，是许多珍稀鸟类重要的越冬或栖息地，主要有国家一级保护动物白鹤、白枕鹤、黑鹤、大鸨，以及国家二级保护动物灰鸳鸯。

从空中俯瞰，天井湖形如一只成年老虎卧在淮北平原上。因此，天井湖最早的名字叫卧虎湖。据说，因为一场地震，卧虎湖和古老的虹县城池一起陷入地下，高岗变沼泽，形成今天一望无际的天井湖。

近年来，天井湖景区经多次修复，通天溪、九龙滩、藏马巷与垂缰井等人文景观重见天日，天井湖旅游度假区有了新的魅力。

岱山湖风光

31 岱山湖：流水稻花拂云烟

岱山湖档案：

岱山湖旅游度假区位于安徽合肥肥东与滁州全椒两县交界处，是安徽境内较大的湿地公园，素有“鸟类天堂”之美誉，为国家 AAAA 级旅游景区。

“平湖天上落岱山，流水稻花拂云烟”，如诗中描写般，岱山湖景色秀丽，在青山环抱中，风光无限。

进入景区的不远处便是著名的“爱情长廊”，四周芳草萋萋，与“情人谷”相映生辉，也因此见证着诸多的浪漫爱情故事，飘散着的花香和牵手走过这里充满笑颜的情侣们一样惹人心醉。

再往深处，便是岱山湖的全貌，山水交融，微风习习，波光万道，令人心旷神怡。这里地处于亚热带，温暖湿润的舒适气候使得植被繁茂，是鸟儿们的嬉戏

天堂。湖中的小岛也尽显千姿百态，翡翠岛，放眼望去，恰如其名，一片郁郁葱葱；天鹅岛也宛若展翅俯身的天鹅，神韵悠然，别有情趣。

湖畔处有一座延伸台，名为"浮泽莲花台"，正对面的湖中伫立着一尊佛像，这是世界上最高的达摩金铜像，从基底到头顶最高处有 28 米，如同岱山湖的守护神，熠熠生辉。步行于此，瞭望远处，静谧神圣，湖水清澈，心中的杂念也逐渐被消磨，平静中是对生活的美好向往。

湖的一侧则是拥有着吉尼斯世界纪录的"心经大坝"，是世界上第一座在水库大坝上刻画心经的巨型经文大坝。气势雄伟，迤逦壮观。《心经》全称《般若波罗蜜多心经》，全经 260 个字，在佛文化中地位很高。

乘坐竹筏，泛舟湖上，穿梭于层峦叠嶂中，顺水漂流，独属于岱山湖的万千景象尽收眼底。看着霞光曼妙，听着鸟儿问好，佳境千古称绝，不禁让人想起那句"落霞与孤鹜齐飞，秋水共长天一色"。

岱山湖景区不仅仅有让人流连忘返的湖光山色，还有水上运动中心、冒险家乐园、拓展训练基地、天鹅岛儿童乐园、动物表演与观赏、佛教文化园，让岱山湖更显活泼，也更为生动。

静谧神圣、祥和悠然、迤逦雄伟属于岱山湖；烟火明媚、惬意情趣、休闲自得也属于岱山湖。丰富的色彩、动听的声音和无数优美的曲线都在岱山湖交织、展现。

32 焦岗湖：映日荷花别样红

焦岗湖档案：

焦岗湖生态旅游度假区位于淮南市西南部，东接八公山，南临千里淮河，被誉为“华东白洋淀”。国家AAAA级旅游景区、国家级湿地公园、国家水利风景区。拥有荷花淀、芦苇荡、柳浪闻莺、水上人家等水上景观。

焦岗湖在20世纪70年代就非常著名，那时候物质贫乏，焦岗湖咸鸭蛋的蛋黄红得流油，又沙又香。老百姓们去菜场买鱼时，卖鱼的人会骄傲地说这是焦岗湖的鱼。到了菱角、芡实上市时，菜场里又都是焦岗湖的菱角、鸡头米。那些应时湖鲜，在许多人记忆里挥之不去。

人们现在追求吃到纯天然、无污染的食物。焦岗湖湿地是不可多得的野生自然湿地群落，具有原始性、稀有性、生物多样性等特点。焦岗湖水质优良，水生种群繁多，是中国绿色食品基地之一。焦岗湖产的大闸蟹、青虾、鳜鱼等三种湖产品荣获国家绿色食品A级证书，远销欧美。因此，附近的人们或亲人相聚，或同学相逢，或三五知己小酌，都会到焦岗湖美餐一顿。

走进焦岗湖，首先映入眼帘的是欧苏堤。这座大堤是为了纪念宋代文学家欧阳修和苏轼而修建的。相传，当年欧阳修因为支持王安石变法而被贬为颍州太守，他曾与弟子苏轼在此搭台结庐，教授当地的百姓，并写下了脍炙人口的《采桑子》佳句：“行云却在行舟下，空水澄鲜，俯仰留连，疑是湖中别有天。”

有水就有芦苇，焦岗湖有近万亩连绵不断的野生芦苇荡。芦苇荡是鸟类的天堂，在这片芦苇荡中，随季节不同，生活着54种珍稀鸟类。人们在此不仅能领略芦苇荡的自然风光，感受芦苇的野趣，还可以观赏到天鹅、大雁、青鹤、野鸭、须浮鸥等野生水鸟。进入芦苇荡，但见鸟儿飞翔、鱼儿戏水。如果你不留意来时的路线，或许真的要误入芦花深处，云深不知归路了。

游焦岗湖一定不能错过“千亩荷花淀”。这里荷花淀大，几乎是一望无际。荷

焦岗湖旅游景区

花淀中设有步道，可以让游人零距离与荷花亲近。也可以乘船，古香古色的木船穿行在荷花淀中间，那情景正如李清照词中所描述的那样唯美、浪漫——“争渡争渡，惊起一滩鸥鹭”。荷花淀不仅大，荷花的品种也多，长达4000米的木质步道，把荷花淀分成若干区域，不同区域种植了不同的荷花，据说品种多达56种，象征中华56个民族。所见之荷花，有的静若处子，有的昂首怒放，有的含情脉脉，有的美若天仙，在绿叶的衬托下，格外艳丽。“接天莲叶无穷碧，映日荷花别样红”这句诗在焦岗湖荷花淀得到了最美的再现。

荷花淀里除了荷花美，还有鸟儿美。夏季来临，荷花盛开，此时也正是须浮鸥繁殖的季节，它们选择这块水草肥美、鱼虾丰富的湖面繁育后代。须浮鸥通常把窝建在荷叶下面，荷叶像撑起的伞为它们遮阳挡雨。荷花淀上空到处是须浮鸥忙碌飞翔的身影。仔细看，很多荷叶下面都有须浮鸥在孵卵。此外，漂亮的水雉、飘然的白鹭以及各种野鸭，营造了焦岗湖的勃勃生机。

清风明月无价，柳叶荷花有情。碧波荡漾、物产丰富、历史文化积淀厚重的焦岗湖正焕发新姿，无数游客为它倾倒。

㉝ 恋子湖：碧水澄澈恋子意

恋子湖档案：

恋子湖，即练子山水库，距离来安县 10 千米，流域面积 20 平方千米。依托练子山水库而建的白鹭岛国际生态旅游区，是省级森林公园和国家 AAAA 级旅游景区，核心景区有练子山、练子湖、舜歌山、大庵寺、孔雀寺。

诗圣杜甫有句名诗“两个黄鹂鸣翠柳，一行白鹭上青天”，给我们描绘了一幅迷人的画卷，若想亲身体验这首诗的意境，那么白鹭岛国际生态旅游区是最佳选择。

白鹭岛国际生态旅游区依托练子山水库而建。练子山水库现在有一个美丽的名字——恋子湖。恋子湖还有一个感人的传说：相传很久以前，在来安县城北 20 多里处的一座荒野的山脚下，住着一对贫困的孤儿寡母，母亲每天以打柴为生。一天，母亲像往常一样上山打柴，在密林中看到两位神仙下棋，不禁驻足观

恋子湖白鹭岛国际生态旅游区远景图

看。这一看不要紧，殊不知，人世间已是花开花落，物换星移，百年沧桑。母亲下山后，才知道山中一日，世上已百年，她的儿子早已作古，曾孙子也已是耄耋老人。母亲心怀愧疚，把神仙赠送的金豆子分给曾孙和乡亲们，自己则削发为尼，在靠近儿子的坟墓处搭一草庵，陪伴逝去的儿子，整日以泪洗面，泪流成湖，就形成了今天的恋子湖。

白鹭岛自然资源得天独厚，依山傍水，岛中有湖，湖中有岛，湖面曲径通幽，是国内屈指可数的湿地森林岛，同时也是鹭鸟类的天堂。景区规划总面积4.2万亩，水面2000亩，目前已按照国际度假村、白鹭保护区、湖泊观光区、森林公园和佛教文化区五大核心区域进行建设，已建成具备旅游、观光、休闲、度假、餐饮、娱乐等功能的国际度假村。景区各项设施配套完善，已成为安徽、江苏两省游客休闲度假的好去处。

白鹭是这里的一大风景，每年清明至白露，数万之多的鹭鸟云集在白鹭岛，蔚为壮观，那情形好比“惊飞远映碧山去，一树梨花落晚风”。每年初冬，白鹭由北方飞来，栖息在湖区树林中，在白鹭岛一带繁衍。第二年白露时节，再返回北方，只留下雏鸟、弱鸟，坚守家园。清晨，白鹭会飞到湖边戏水、散步、觅食，傍晚它们从湖边飞回湖畔树林中的窝巢，叽叽喳喳，满林热闹。走在湖边的小路上，呼吸着清新的空气，看白鹭舞翩跹，听百鸟噪林间，多么美好！

白鹭岛地处亚热带，季风气候，空气清新，气候宜人，山林美景，天造地设。春天，山花烂漫，幽香逼人；夏天，云蒸霞蔚，绿草茵茵；秋天，层林尽染，红枫如火；冬天，银装素裹，绵延起伏。峰峦叠翠的练子山，秀色宜人的舜歌山，碧波荡漾的恋子湖，翠竹环绕的大庵寺，香烟弥漫的孔雀寺，鬼斧神工的一线天，古色古香的赏鹭亭，变化奇妙的望日峰，五颜六色的奇花异草，品种繁多的珍禽鸟兽，郁郁葱葱的万亩林海，都使白鹭岛具有极高的旅游品位。

来安县还有美丽的池杉湖湿地，景观区内河流交错，水陆相间，蔚为壮观的千亩池杉林，形成了独特的“水上森林”景观，吸引了各种自然鸟类100多种、数万多只在此繁衍生息，有“百鸟天堂”之称。

34 佛子岭水库：水利壮举泽锦绣

佛子岭水库档案：

佛子岭水库位于霍山县城西南 17 千米处。水库始建于 1952 年，水库最大坝高 75.9 米，坝长 510 米，总库容 4.91 亿立方米，是我国自行设计、建造的具有当时国际先进水平的第一座大型连拱坝水库。景区著名景点有卧佛、睡美人、狮子岩、老鹰洞等，为国家 AAAA 级水利风景区。

“我们望着连接着两座山的一面高坝，像许多巨人紧挽着膀子矗立着，苍鹰在那周围盘旋，那上面蠕动着细小的人形……”

这是作家靳以的散文《到佛子岭去》中描述的片段。散文描写了佛子岭水库建设者们满满的自豪、满满的幸福感。佛子岭水库建设具有里程碑意义，享有“新中国第一坝”的美誉。

在东淠河崖岸公路边竖着一块石碑，上面刻着歌曲《我的祖国》乐谱。20世纪50年代，著名电影《上甘岭》中由郭兰英演唱的这首主题歌背景便是佛子岭水库大坝放水的情形。那时候，佛子岭水库作为一座标志性的工程，出现在很多文学艺术作品里。它还曾出现在《毛泽东选集》中《大社的优越性》的按语里，出现在老舍的诗歌里，出现在画家应野平的笔下……另外，郭沫若亲笔题写了“佛子岭水库”门额，刘海粟还书写了佛子岭水库竣工纪念碑文。国际大坝委员会主席托兰称佛子岭大坝是“国际一流的防震连拱坝”。党和国家领导人朱德、刘伯承、谭震林等人都曾亲临视察。34个国家代表团和24个国家驻华使节曾来佛子岭水库参观访问。佛子岭水库是那个时代的骄傲。

佛子岭水库气势宏伟。雄伟的佛子岭大坝如长龙卧波矗立在万山耸翠之间。大坝坝体镌刻着毛泽东手书的“一定要把淮河修好”八个大字。登坝远眺，两岸青山叠翠，白云绕尖，绵延不绝的水带伸向远方，水天相映，山水相依。湖面碧波如镜，湖心白帆点点，泛舟湖上，山移水复，鸟语花香。景区著名景点有卧佛、睡美人、狮子岩、老鹰洞等，令游客流连忘返。

佛子岭库区不仅风光美，生态环境也非常好。库区沿岸山上，竹林婆娑，是

佛子岭水库风光

纬度较高的竹林。竹子的生长不需要化肥、农药，佛子岭库区的水是经过竹根过滤的一湖净水。

乘游艇在水中驰骋，游艇在水面犁出两道整齐的水线，螺旋桨掀起阵阵白色浪花，两岸的竹林随风摇曳，因光线的不同，呈现出深浅不同的绿。满是竹林的山坡上，偶尔出现一座白墙红瓦的农家小院，如居仙境。

佛子岭水库什么时候都是美的，春天青山绿水，杜鹃烂漫；夏天河风拂面，清凉爽心；秋天烟锁雾罩，红枫似火；冬天群山逶迤，银装素裹。四季美景，四季风韵。

35 梅山水库：治淮杰作添秀色

梅山水库档案：

梅山水库坐落在素有“红军故乡、将军摇篮”之誉的金寨县，是国家AAAA级水利景区。坝高88.24米，全长443.5米。大坝雄伟壮观，气势磅礴，犹如长虹卧波横跨在高峡平湖之中。

梅山水库是继佛子岭水库建成后六安地区境内兴建的第二座连拱坝大型水库。水库位于鄂、豫、皖三省交界处的大别山腹地的金寨老县城梅山镇边上，屹立于大小山峰之间，可谓出则繁华，入则宁静。

作为淮河流域重点工程，梅山水库是由我国自行设计自行施工的当时世界上最高的连拱坝，坝高88.24米，全长443.5米。独具特色的连拱坝，连同满山的苍松、翠竹和盘旋傲视的山鹰，形成了一幅奇异的风光图，置身山水之间，如临仙境。

举目眺望，水库大坝拱拱相连，构成优美的弧形线条，犹如长虹卧波。有人

梅山水库

梅山水库大坝，像琴键，谱写时代乐章。

说它像风琴琴键，弹拨着新时代的赞歌。站在雄伟的坝顶俯瞰梅山，美丽的山城尽收眼底，高楼与青山辉映，碧水与蓝天相连，史河如一条玉带穿城而过，河水清澈，更增添了山城的秀美。

数十千米的库区沿岸风光秀丽，名胜古迹众多，诸如九王寨、梳妆台、鸟岛、蛇岛、好运岛、民族文化村等景点星罗棋布，各具特色。乘坐游艇，泛舟湖上，虽在水库中，却是感觉如在江海之上，一望无际的碧绿让人心情澄净而开阔。顺水而下，波光潋滟，鳞浪层层，两岸青山叠翠，如诗如画。在山间一簇簇翠竹和苍松的衬托下，湖上的岛屿和奇石形色各异，有俯首梳妆的天鹅岛，有高处守望的青蛙石，有惟妙惟肖的水上石佛和兵马俑等等，让人浮想联翩。

“问渠那得清如许，为有源头活水来。”这里湖光山色，林壑优美。醇厚的民风、秀丽的景色和美丽的传说，吸引着无数中外游客。畅游梅山水库，可泛舟，可爬山；闻鸟语，观奇石；赏秀山异彩，品碧水琼浆。古庙荒祠、怪石奇洞、革命故事、神话传说，如玉似珠，琳琅满目，使人流连忘返。

在绵延清丽的史河上游，倒映朝霞的山水间，梅山水库经历半个多世纪的风雨砥砺，就像一颗璀璨明珠，在雄跨鄂豫皖三省的巍巍大别山深处发出熠熠夺目的光辉。

36 磨子潭水库：群山绵亘碧水悠

磨子潭水库档案：

磨子潭水库位于淠河东源支流太阳河上，与佛子岭水库为串联式梯级水库。水库控制流域面积 570 平方千米，总库容 3.47 亿立方米。坝长 331 米，最大坝高 85 米。库区峰峦俊秀，林木葱茏，风景如画。

霍山磨子潭镇地处大别山腹地，大别山主峰白马尖雄踞境内，磨子潭水库镶嵌其中，是远近闻名的“绿色”生态镇、“红色”资源镇、“金色”旅游镇。

磨子潭水库与佛子岭水库坝址相距 25 千米，控制流域面积 570 平方千米，体量相对于佛子岭、响洪甸等其他 4 个水库，算是小巧精致，显得“迷你”一点。

镇内山高谷深，物种繁多，水系丰富。

在磨子潭水库上游东西两河之间，有一座崔嵬嵯峨、高耸云际的山峰——仙女台，山顶巨岩峥嵘，怪石嶙峋，下映磨子潭深渊，翠影含黛，风景旖旎。

磨子潭水库

这里群山绵亘，奇峰迭出，茶园成片，翠竹连绵。在磨子潭，那盘旋在崇山峻岭中的高速公路，是许多自驾爱好者恨不得一走再走的迷人旅途。

岸上是蜿蜒曲折的山间小路，跌宕起伏的山峦峭壁，缠壁而过的清涧泉流，深不可测的峡谷，一碧万顷的湖泊。因为风景秀美，这一湖水吸引着越来越多的游客前来亲近，掬一捧水在手，清凉传遍全身。观湖光山色、品霍山黄芽，还可以吃到鲜美的湖鱼，游览附近古村寨，让人乐不思归。

磨子潭水库大坝高 85 米，雄伟壮观，湖面 15000 亩。水库不仅与佛子岭、响洪甸水库联合承担了淠河灌区的农田灌溉用水以及六安、合肥两市工业、生活的补充供水任务，还形成了一处集观光、休闲、度假、避暑、探险等功能于一体的湖泊、山岳综合型风景区。

《山海经·海外西经》里有一个传说之地，被称为“大乐之野”，如果要寻找现实中的“大乐之野”，磨子潭是最为相似的，这里每一天、每一时都是有色彩的，有韵味的。可以邀二三知己，坐在磨子潭大坝上，看云卷云舒，听花开花落，感叹岁月静好。

㊲ 响洪甸水库：清茶秀水两相宜

响洪甸水库档案：

响洪甸水库位于金寨县，坐落在西淠河上游，是一座集防汛、灌溉、供水、发电、航运、旅游于一体的水库，国家水利风景区。

在莽莽大别山的东北麓，有一座银龙般的大坝嵌在两山之间。在它上游，形成了一个巨大的人工湖，浩瀚百里，碧波荡漾，烟云氤氲。它以 26.10 亿立方米的设计库容量，成为淮河流域库容最大的水库，不仅锁住了上游的滔滔洪水，还涵养了水源，造福了民生。这就是深藏大别山的明珠——响洪甸水库。

响洪甸水库水利风景区之美在于她娟秀的水。水库水面浩大，碧波千顷，犹如一块巨大的翡翠，镶嵌在万脉丛山之中。水库上有岛屿数十个，形态各异。水

响洪甸风光

响洪甸水库

面为群山环绕，群山为翠色所覆。春有如火映山红，夏有满湖碧绿水，秋有漫山经霜叶，冬有纷纷瑞雪景，“四时之景不同，而乐亦无穷也”。响洪甸水库的蓄能电站下库成为青山湖和仙女湖。青山湖和仙女湖平静宽阔的湖面是优等的水上项目运动基地。

响洪甸水库水利风景区之美在于她壮丽的水利工程景观，响洪甸水库“等半径同圆心混凝土重力拱坝”巍峨壮观，如一道彩虹镶嵌在两山之间。水库大坝是新中国自行设计和建造的第一座重力拱坝。防洪标准为五百年一遇。水库总库容居皖西五大水库之首。

响洪甸水库水利风景区之美在于她因水而生的延伸景观。大坝右侧，有齐云冲大峡谷，绵延 20 余里，其间或云蒸雾裹，或奇峰兀立，或曲径通幽，气象万千。峡谷中段有齐尖山，主峰 804 米。齐尖山山清水秀，森林茂密，动植物种类繁多，林区中多奇花异草、古树名木。这里也是中国十大名茶之一的“六安瓜片”的原产地，“齐山云雾”是六安瓜片的雅称，深受欢迎。这里寺庙众多，千年古刹水晶寺，为南朝四百八十寺庙之一。

响洪甸水库还是金寨红石谷风景区的组成部分，红石谷是国家地质公园，深山藏秀，特有的峡谷地貌，组成了天然地质观光走廊。将军湖水上休闲观光度假区烟波浩然，如梦如幻，一展高峡平湖的美景。

响洪甸水库是淠史杭灌区的主要水源之一，佛子岭水库和响洪甸水库共同担负着下游 660 余万亩农田灌溉和城市供水任务，向合肥、六安等地提供了优质水源，促进了城市经济的发展。

深秋季节，每天清晨，响洪甸水库库区云蒸霞蔚，雾气从水面上蒸腾而起，山脉与岛屿在浓雾中若隐若现，宛如仙境。当一轮红日升起时，又是流光溢彩，绚丽无比。

38 白莲崖水库：满眼风光多闪烁

白莲崖水库档案：

白莲崖水库位于大别山北麓、霍山县大化坪镇境内，坝址地处淠河的主源漫水河上，水库总库容4.51亿立方米，水库流域面积745平方千米。它不仅有防洪功能，更是一处美丽的风景。

当人们来到霍山大化坪镇一座海拔将近300米山的半山腰，展现在眼前的是一片高峡平湖，四周叠翠，水汽氤氲，仿佛仙境，这就是白莲崖水库。

看吧，一座雄伟的大坝横空矗立在两座山峰之间，似一道蛟龙，紧锁急流奔泻的漫水河。水库大坝为碾压混凝土双曲拱坝，坝高104.6米，坝顶弧长423米，其坝高、弧长、混凝土浇筑量位居国内同类坝前列，创造了安徽省第一座百米高坝的奇迹。

水库大坝呈弧形，钢铁铸就一般。漫水河碧绿幽深，倒映着青山倩影。山水一体，天然成趣。那泛淹的浅岸，平静、自然，有高山湿地的感觉。坐在游艇上，清风吹拂，无比清凉，远山如黛，白云悠悠，让人禁不住诗兴大发。

漫水河穿越峡谷，一路逶迤而行。正是大坝的高筑，河流成了湖泊，像一大块翡翠安放在群山环抱中。天上的白鹭掠过，水中鱼儿欢悦。大自然的生机、美丽都浓缩在这一方山水里，让人忘怀了忧愁。

皖西六安，地处江淮平原，坐拥大别山余脉。在革命时期，这里是片红色的土地、英雄的土地，令人景仰。由于地处江淮分水岭两侧、南北气候过渡带之中，特殊的地形，加上特殊的气象条件，使皖西地区历史上屡遭水旱灾害。

从1958年到1972年的14年间，皖西人民满怀豪情，迎难而上，大兴水利。在这片岗峦连绵的丘陵地带，皖西人民克服了难以想象的困难，用热血和汗水重整山河，兴建了新中国成立后的最大灌区——淠史杭灌区，建成了一个以灌溉为主，兼有发电、航运、养殖、城镇供水和旅游等综合效益的特大型水利工程。

白莲崖水库放水

淠史杭灌区建有佛子岭、磨子潭、梅山、响洪甸和龙河口（今万佛湖）五大水库，实现了雨洪资源的科学利用和水资源的优化配置。白莲崖水库位于佛子岭水库上游 26 千米，与磨子潭水库一同成为佛子岭水库的左膀右臂，水库的投用，使淠史杭灌区水库由原来的五座增加到六座，给淠史杭灌区又增加了一颗耀眼的明珠。

对于旅游来说，白莲崖水库还是一片处女地。白莲崖大坝与两岸的青山绿水就是一道亮丽的风景。一位当代词人乘船游览后，仿古代词作描绘感受："林间薄雾生流云，随风解缆乘小艇。桨过浪起水犁痕，二边分。　满眼风光多闪烁，看山恰似走来迎。仔细看山山不动，是艇行。"

39 摇铃秀水：秀水可摇铃

摇铃秀水档案：

瑶岭水库位于歙县王村镇，森林茂密，古树参天，融秀山、澈水、茂林、幽潭为一体。依托瑶岭水库建有摇铃秀水景区，规划面积5.6平方千米，突出霸王山优势、凸显霸王文化，并有恐龙遗迹研究、洞窟勘探等项目。

瑶岭水库在歙县。因为风景独特，水库被水利部评为“国家水利风景区”，依此而打造的摇铃秀水景区正吸引游客络绎而来。不论是瑶岭水库，还是摇铃湖，抑或是摇铃秀水风景区，说的都是这里的美景。听到“摇铃”这个名字就感觉很浪漫，一下子就想到，“摇啊摇，摇到外婆桥”。

摇铃秀水景区与霸王山为伴，区内花木茂盛，四季常青，奇石怪山，蔚然俊秀。景区融秀山、碧水、茂林、幽潭为一体，被誉为“人间仙境”。这里不仅山清水秀，景色优美，还有丰富的历史传说，为这片山水增添了几许神秘的色彩。

一进景区，映入眼帘是便是一片旖旎的湖光山色。那山便是霸王山，那湖就是摇铃湖了。为什么山称霸王山，湖叫摇铃湖呢？相传古徽山越部落连年暴乱，为稳定局面，年仅20余岁的项羽到霸王山一带平定局势，曾驻军此山。项羽称楚霸王，后人便称此山为霸王山。

摇铃湖又名月牙湖，因摇铃石落入湖中而得名。摇铃石是像一枚巨大玉玺的石头，石头上刻有铭文，上面还长有藤草，据说此草为当年黄帝在黄山采芝炼丹时所留。遗憾的是，如今摇铃石已完全没入湖中，成了镇湖之石了。

坐在水畔，泡上一壶茶，汤色清澈，香味醇郁。听花开的声音，观叶绽的曼妙，轻轻柔柔，急躁的心灵得以清净。回味霸王石的传说，一种顶天立地的自豪感油然而生。

群山环抱中的碧水，像养在深闺中的妙龄女子，温婉秀气，婀娜多姿。她时而含情脉脉，凝眸不语；时而心泛涟漪，暗送秋波。面对这样的美色，谁能无动

摇铃景区

于衷呢？

这里不仅仅有秀丽的山水，还有很多娱乐活动。人们还可以在这里探索洞窟，研究恐龙。这是一个以生态农业为基础，以自然景观为依托，以“科普园区，养生福地，度假天堂”为特色的生态旅游度假区，是一个休闲的好地方。

40 鳄鱼湖：扬子鳄保护基地

鳄鱼湖档案：

鳄鱼湖位于宣城市南郊夏渡林区，始建于1979年，占地约1平方千米，主要保护扬子鳄及其原生态栖息地，是全球最大的扬子鳄种群基地，世界上唯一的扬子鳄自然保护区。

扬子鳄的命名是根据它的栖息地——长江（下游段）来命名的。它是中国特有的物种，国家一级保护动物，与恐龙同时，历经几次“大灭绝”而奇迹般繁衍至今，在地球上已生存了2.3亿年，有“活化石”之称。

20世纪六七十年代，自然界的扬子鳄种群数量已不足500条，且仅限于安徽宣城、南陵及江苏与浙江两省的邻近边区有零星点状幸存。世界范围内的专家高度重视。1979年安徽省林业厅模拟扬子鳄的野生生态环境，在宣城建立了扬子鳄养殖场，随后又建立了研究中心。目前，安徽省扬子鳄繁殖研究中心已经掌

鳄鱼湖

握了扬子鳄人工饲养繁殖，从鳄到卵、又从卵到鳄的全部过程，其鳄鱼研究水平位居世界前列。

中国鳄鱼湖不仅是国家级自然保护区和科研基地，是世界上唯一的扬子鳄自然保护区，也是一处风景优美的旅游观光胜地。自然保护区内，有岗峦起伏的丘陵，有高大乔木和灌木丛林，有泽边草丛荆棘，有沟壑、池塘、山洼、水库贯串其间，连成水网，是一处适宜扬子鳄栖息繁衍的理想生态环境。

来到中国鳄鱼湖，就可以了解鳄鱼的前世今生，了解鳄鱼的习性。观赏鳄鱼的最佳季节是六七月份。走过一千多米的森林大道，跨进写有“中国鳄鱼湖”几个大字的大门后，只见浓荫蔽日，鸟儿啁啾，还有戏水的鸳鸯、开屏的孔雀。荡舟湖面，看群山环绕、竹海涌波，感觉是世外桃源。

鳄鱼湖建有 7 座小型水库，一座孵化越冬馆，10 个饲养池，1 处繁殖区，并配有鱼鸭等动物饲养场。在鳄鱼潭，养着六七条一米以上的大鳄鱼，水池的中心是一个表演台，这里每天都有人鳄共舞的惊险演出，游客还可以与鳄鱼亲吻、合影。

养殖区内，看似天然的池塘周围用水泥砌就，中心都有一个小岛，岛上杂树丛生，垂条拂水。踏上“观鳄桥”放眼一望，掩映的水面上漂浮的尽是大小不一的鳄鱼，铮亮的眼睛放射着阴冷犀利的目光。有的鳄鱼趴在岛上晒太阳，半天不见动一下，懒洋洋的。

这里还开辟了熊池、猴岛、鹿园、竹楼、跑马场、垂钓区、鳄鱼表演、儿童乐园等 20 多个景区。展览厅还运用声光手段对旅游观光者进行生态、环保等科普知识和美学教育，来这里可以领略自然风光，又可以学到许多科普知识。

41 天子湖：石佛山下水如镜

天子湖档案：

天子湖位于郎溪县城以南35千米处，这里山势峻峭、竹木葱茂。以石佛山和天子湖为中心，以宗教文化、湖光山色为特色的风景名胜区引人入胜。

郎溪，绿水青山，钟灵毓秀，湖光山色引人入胜，万亩茶园，步步茶香。“山石郎川秀，茶称瑞草魁”。自古以来，郎溪的石佛撑云、伍牙飞翠、涛峰远望等八大景观，天工巧夺。如今石佛山—天子湖、高井庙森林公园、伍员山、南漪湖福寿岛等景区相继开发，猎山涉水，一路风光，众多的人文景点交相辉映。

天子湖位于郎溪县姚村乡，湖光山色，风景如画。水面面积3.5平方千米，有效灌溉面积30平方千米，兼具防洪、旅游、生态等综合效益。

“一佛撑云石抱寺，两湖襟月水环山。”天子湖与石佛山、红旗湖共同组成观天下景区，三者浑然一体，相映成趣。

石佛山—天子湖景区，并非故意捆绑，而是天生一对。无论是乘坐缆车至山顶观湖，还是游湖看山，穿插于两者之间的田园乡村风光，让这一景区更唯美。

从石佛山上拍的天子湖图片很美，薄薄烟霭，“绿水绕山转”，白云蓝天下，天子湖恰似一篆书的“天”字，书写在绵延起伏的青黛色植被之中，说这里是出天子的地方，人们准信。

“寻梦天子湖，如意石佛山。”泛舟湖上，听晨钟暮鼓，赏湖光山色，恍若仙境。湖面半岛众多，形状不一、错落有致，与水清如镜的湖面相得益彰。

石佛山是皖东南佛教名山之一，山上的千年银杏树傲然挺拔，还有风动石、七丈石、试剑石等各类奇石近百处。天子湖水域辽阔，水质常年保持在二类以上，湖畔有艺术创作中心、欧式别墅以及湖边宾馆，各项基础设施和旅游服务设施完善。

天子湖天生丽质，拥有优美的自然风光，得天独厚的原生态环境，是旅游观光、休闲度假的理想之地。

天子湖湖汊纵横，水草萋萋，湖面洁美，偶有野鸭、白鹭翩飞而至，打破天子湖的宁静。烟雨之日，水汽蒸腾弥漫，天子湖就是一帧溢着朦胧婉约之美的写意画。晴日泛舟，或垂钓，或撒网，收获粼粼波光和愉悦。湖心有小岛，岛上种茶，游客若有兴致，还可与茶姑一同分享采茶之乐。

湖边，有不少农家乐，就着山色和湖光，便是一顿“大餐”。选一家农家乐，品一品地道的姚村山野菜。蕨菜烩水芹、石鸡爆河虾、板栗烧竹鸡、野兔炖冬笋……这些是姚村的特色菜，每个农家乐的山野菜都有辣辣的“个性”。就着辣辣的山野菜，再来一杯姚村野杨梅泡制的杨梅酒，酸酸甜甜，健胃爽脾。

天子湖——湖光山色共美食。

泊湖：候鸟栖息银鱼跃

泊湖档案：

泊湖，长江支流华阳河水系，在太湖县、宿松县、望江县三县边境。湖水与华阳河相通，通过华阳河注入长江，水域面积达 35 万亩。水产丰富，尤以产银鱼著名。

安庆一带流传着这么一句话："漳湖府，泊湖县，武昌湖里有个都督院。"描述的是水中有城。老一辈渔民说，行船至泊湖中心，透过清清湖水能隐隐约约看到城郭的影子。

相传，雷池之畔的大雷县县城就坐落在今天的泊湖里，三面环山，水路交通极为便利，上通湖广，下接苏杭。有天，有一条小青龙正在翻云作雨，想要戏耍

人间百姓，巧遇一位仙道云游到此，于是仙道口念真语，掏出真符，抛向天上，小青龙便掉在城外。老龙得知幼子被凡人吃掉了，非常恼怒，运作法术，不一会县城全淹没了，变成一个大湖。传说增加了泊湖的神秘。

抗日战争时期，以泊湖为中心的太（湖）宿（松）望（江）湖区党组织，1938年春就开始建立抗日武装，开展游击活动，并建立了抗日民主政权。渡江战役期间，泊湖是战士们练兵的地方。

过去，泊湖的渔民多是梁山好汉的后代。20世纪50年代后期，山东遭遇特大自然灾害，当地渔民顺长江进入泊湖水域。登上他们的住家船就能听到山东方言，船上的《武松打虎》的山东快板书，与岸上“树上的鸟儿成双对”的黄梅戏曲相映成趣。

泊湖风光旖旎。青畴衬碧水，柳岸笼紫烟。极目远眺，水天一色，帆船竞游。清晨，旭日东升，碧水流金；夜晚，月光溶溶，船火如豆。一幅幅绝妙的水乡风景画。

泊湖水域面积35万亩，水草丰美，水产丰富。驰名全国的泊湖白尾银鱼、泊湖清水大闸蟹、泊湖青虾就出产在此地，算是湖中珍品。还有那成片的芡实、莲子和难得一见的野菱角。

中秋佳节后，鱼蟹肥硕。约上三五好友，围坐在渔船上，品尝泊湖大闸蟹和活跳的青虾、鲜美的鲫鱼，真是一番难得的享受。烧酒炝青虾是泊湖一大特色，肉嫩味美，别有风味。泊湖银鱼味道鲜美，可以煮鸡蛋，煨骨汤。

泊湖也是候鸟栖息地。悠闲的候鸟，在湖边戏耍，鸣叫声在冬日是优美的乐曲。

泊湖的支流水系有华阳河、芦溪河、凉亭河，流淌在望江、太湖、宿松大地上，营造出富饶的鱼米之乡。

43 武昌湖：雷池遗韵化清波

武昌湖档案：

武昌湖，位于望江县境中部，是古雷池的一部分。东西长 27.5 千米，水域面积达 180 平方千米。湖区渔业发达，武昌湖大闸蟹闻名全国。

“花开就开了，谢就谢了 / 武昌湖一脸平静，仿佛一位得道高僧 / 那无边的春色在他眼里 / 不过是一件寻常的袈裟 / 一年一洗，一年一换”，这是诗人檀亮写武昌湖的一首小诗，画意盎然、禅意盎然。

武昌湖地处望江腹部，濒临长江。13 万亩水面，碧水万顷，烟波浩渺；白鸥点点，风帆片片……构成一幅生机勃勃的水乡画卷。

公元 327 年，东晋中书令庾亮在致江州刺史温峤的《报温峤书》中云：“吾忧西陲，过于历阳，足下无过雷池一步也。”翌年，温峤、陶侃率兵数万，取道

古雷池地标

雷池，讨伐叛军，彰显了古雷池的军事要塞地位和精忠报国的文化内涵。这段记载也造出了“不敢越雷池一步”的成语。雷池因此名著史册。如今武昌湖作为古雷池遗迹的一部分，是雷池文化发源地。

武昌湖湖光旖旎，山与水相辉映，人文与自然相一体，传说与遗址相并存。沿武昌湖岸边，星星点点坐落着黄家堰、枫岭庵、戴家墩、汪洋遗址。湖中浮出黛翠葱郁的白莲洲，游人水上活动，环洲展开，泛舟竞渡于湖上，自有一番闲情雅趣。站在武昌湖畔的岗峦上四望，但见湖岸或岗峦起伏，或平川沃野，或远山隐现，气势非凡。

长岭境内的湖区有八景名胜：猴潭映月、龙堪温泉、磨丫白石、渡口红莲、赤湖浴日、正堂碑碣、双节陵园、落霞孤鹜等，令人神往。赤湖浴日展现的是夕阳西下之时，晚霞染红天空，红云碧水，交相辉映，甚是壮美；猴潭映月再现的是每当天气晴朗，皓月当空，碧波绮丽，烟雾缭绕，水天一色，好一派水国风光；磨丫白石则相传是八仙之一的张果老路过此山，看到千年白石，情不自禁地磨起了钢叉。尤当天高气爽，登高远眺，“落霞与孤鹜齐飞，秋水共长天一色”的诗情画意令人叫绝。

这里人文深厚。隋末唐初广惠王汪少卿在此牧牛，至今有汪公坟和汪公庙。清末翰林檀玑为之撰联：“先生果何许人？剩一肩雨笠烟蓑，自卜眠牛大雷岸；此间得少佳趣，对四面湖光山色，犹怀骑鹤古扬州。”清朝戏剧家龙燮在湖畔筑石室读书，后举博学鸿词。

近年来，武昌湖作为长江水系不可多得的生态湿地，成为了鸟类的天堂、芦苇的王国。武昌湖畔的雷池湿地小镇以湖泊湿地为特色，巧妙地融合青山湖景和历史文化，集游赏览胜、运动娱乐、休闲养生等主要功能为一体。

武昌湖是灵动的意韵，武昌湖是唯美的写意，武昌湖是如诗的情愫。它作为古雷池的一部分，如同一块未加雕饰的美玉，镶嵌在县域中部。全县大部分村镇和人口，环湖而栖，择水而居，古往今来，享受着大自然的恩惠。

44 嬉子湖：孩童嬉戏渔家乐

嬉子湖档案：

嬉子湖位于桐城市东南部，接纳境内龙眠河、挂车河两大河流及其流域地表水，下游与菜子湖连体而汇入长江，总流域面积 960 平方千米。

嬉子湖，一个天然安逸的生态家园，位于桐城市东南部，传说，因沿湖儿童常嬉戏湖中而得名。得天独厚的湖光山色，酣畅淳朴的风土民情，丰饶富足的水陆物产，让人回归自然、返璞归真。

沿湖湿地连绵，珍稀飞禽随季节迁徙栖息，形成罕见的湿地景观。湖水上涨季节，嬉子墩一岛独秀，远近岛屿风光秀丽，渔村古朴，船家生活趣味盎然。

相传康熙初年，青年时期的张英，跟随父亲张秉彝常嬉戏于嬉子湖，其间笔

嬉子湖

耕不辍、发奋攻读。五年后，张英高中二甲第四名进士，后调任礼部尚书，拜文华殿大学士。嬉子湖丰厚的地域文化熏陶和哺育了一代名臣。这里还有明代大师方以智祖母墓坊，明代四川按察使余珊墓，清代大学士张廷玉的老家老庄旧址，以及太平天国时期铸币山庄遗址。

雄峙湖滨的松山，三峰相连，植被茂密，黛色山石纵横交错。登高远眺，四周湖光山色尽收眼底。漫步湖边，柳醉春烟，鸥鹭翔集，皆为美景。放舟湖上，碧波白浪，波光潋滟，似一匹无边无沿的丝绸。无论朝霞初上，夕阳西下，或繁星闪烁，明月中天，还是渔歌唱晚，雁阵惊寒，都令人赏心悦目，流连忘返。嬉子湖恰似有声的画，无字的诗，使人遐想，回味绵长，也就形成了桐城八景之中的“松湖落雁”。

离嬉子湖不远，有个落凤窝，这里是“日有千人唱喏，夜有万盏明灯”的滨湖胜地，自张英之父葬母于此，便出了父子宰相，就有了“帝许江南第一家”的显赫尊荣。传说模糊了历史，但历史证明了古城的人杰地灵。

有一副对联是这样赞美嬉子湖的：“堤边浪静，水面波平，一片云烟笼岸北；叶醉丹枫，花疏红蓼，几番风景到江南。”嬉子湖总让人赏心悦目，情趣盎然。悠久的地域文化与山水景观融为一体，散发着悠远醇厚的气息和妩媚动人的魅力。这里生态优良，湿地连片，丝毫没有都市的浮华与喧嚣，俨然是一个天然安逸的生态家园。触及一方水土人情，品读千年沉积的丰厚文化与典故，在这里人们可以尽情地享受大自然的宁静与和谐的浪漫。

嬉子湖，一年四季，景色迷人，拥有“春晴草色如酥，夏汛水天浩渺，秋日白鹭祥云，冬雪平冰千里”之称，其“嬉子夕照”令无数游人叫绝。置身此景，踏浪于烟波之中，回归于本真世界，即可身心松爽，宠辱皆忘。

嬉子湖还是桐城市水产品生产发源地，品种繁多且色质优良，鲤、鲢、鲫、鳅、虾、鳝等，只要是正宗的嬉子湖水产品都受到人们的青睐，不用添任何佐料，即便是湖水煮河鱼，也堪称美味佳肴。河豚、螃蟹、麦鱼、中华鲟、极品银鱼、长臂青虾等名优特水产品，令人称口不绝。

有游人感慨“过了黄山不看岳，出了嬉子湖不吃鱼”，名肴“嬉子湖青虾”如今是大都市菜篮子、餐桌上不可多得的品种。

45 白荡湖：碧波荡漾映青山

白荡湖档案：

白荡湖，地处枞阳县境腹部，西连竹子湖，南为破罡湖。湖水经白荡闸和汤沟河至老湾王家套出口入江，流域总面积775平方千米，境内流域面积648平方千米，是枞阳县最大的淡水湖泊。

白荡湖因湖水清澈白皙，湖面碧波荡漾，故名曰“白荡”，她连通长江，涝季为长江排洪，旱季又放水入江，默默捍卫着长江，也抚育着周边的田野乡村、大小山丘。走在堤上，湖水碧波荡漾，一望无际。其烟波浩渺、碧水连天的模样，使人无论行走在湖的哪一处，寂寥之感都会漫延至心底。

看湖看山，看沿途乡野，你会觉得自己也成了这湖的一部分，尘世的种种，突然就不重要了。也或者说，在那里，能真切体会到生命的美好，体会到这漫漫人世实在有太多妙不可言的事情，与这一湖水偶遇，扑面而来的不仅仅是风景和清清的凉意，更是自己的初心了。

白荡湖上桥梁横

白荡湖湖区属亚热带季风气候，年均气温16.5℃。很适合生活。据说，早在5000年前，就有先民在白荡湖畔的金山神墩、余家墩等地安营扎寨，建立村落。他们在湖中捕鱼，在滩上耕作，靠着半农耕半渔猎的方式生存下来。到了明清时期，大小船只由江入湖，上抵浮山、钱桥、罗河日夜穿梭，呈现一派繁荣景象。1949年，白荡湖成为南下渡江大军的水上练兵场，在解放战争史上留下了光辉的一页。

今天的白荡湖已成为枞阳水产业的重要基地，沿湖围垦而成的大小圩口成为名副其实的粮仓。白荡湖虽连着长江，水波却又是一番形态，大部分时候，它白亮、安静、涌动着、却又内敛着。沿岸大小村落山丘无数，从哪一处深入湖边，都有极雅的风景。在白荡湖那仿佛无边际的平静里，蕴藏着太多的好物。

这里盛产各种湖鲜。除了湖边的莲藕、菱角、芡实、茭白、芦苇以外，湖内的大闸蟹、鱼、野鸭等更是不胜枚举。据说野鸭多时每亩可达2000只，聚在一起非常壮观。

白荡湖内的大闸蟹秋季上市时，品过的人都说，那种鲜美，给味蕾带来的喜悦，胜过以往所有的美味。

一湖碧波，在那一片乡野里慢慢安放，周遭的青山默默陪伴身侧，有故事，有烟火气息。

46 陈瑶湖：疑似瑶池落人间

陈瑶湖档案：

陈瑶湖位于枞阳，与长江相连通，拥有 2.8 万亩水面，水产资源丰富，生态环境良好。

走近陈瑶湖，是最能感受曼妙之美的。

远山墨迹，近水叠风，烟波渺茫。一条路将千顷湖水与万亩良田一分为二，岸边，星星点点的蒲公英盛开着鹅黄色的小花，它们像细碎的阳光装点着陈瑶湖的梦。

传说陈瑶湖的由来，是因南朝都督黄法氍之子（名失考）路过枞阳县，看到陈瑶湖碧波荡漾，荷叶田田，不禁感叹：此乃我陈国瑶池也！“陈朝故国，瑶池人间”，陈瑶湖因此得名。

还有人说，在陈瑶湖里插上一根枯竹篙，不久便能长出青枝绿叶。陈瑶湖的肥沃由此可见一斑。陈瑶湖自古盛产鱼、虾、蟹、鳖、黄鳝、泥鳅以及莲藕、芡实、蒿瓜，曾有“日出斗金”之美誉。湖边的四顾墩村庄便印证了当年渔事的兴盛。四顾墩昔日四面环水，放眼四望，湖面上白天白帆簇簇，入夜渔火点点。此即陈瑶湖一景的“四顾渔灯”，四顾墩即由此衍变而来。

陈瑶湖的湖水与陈瑶湖的烟雨都是独有的，它弥漫着长江沿岸香糯的婉约。水的各种形态和神韵，如小与大，柔与烈，清与浊，乃至瘦弱与丰腴，陈瑶湖都具备了。当蒿草和芦苇一夜之间拔节而起，满湖的水便被切割成无数个别样的世界，舟行其间，或水波不惊，清幽里如入仙潭；或碧波荡漾，朗亮中天地洞开。

春来，“风乍起，吹皱一池春水”。秋至，湖水在秋阳下泛着柔和的白色的粼光，一叶扁舟隐约其间，头顶上是几只水鸟翻飞。到了冬天，湖水瘦了下去，湖滩便突了起来，水与滩嶙峋而遒劲，这时，陈瑶湖展现的完全是一幅瘦金体的书法了。数以万计的候鸟，在迁徙过程中，来到陈瑶湖停歇、觅食、补给。白天鹅、黑天鹅、大雁等各种鸟类，成群结伴来到这里，享受着阳光带给它们的快乐，它们来到这原生态的厚土驻足，弹奏一曲大自然的欢歌。

那些自小生在湖边、长在湖边的人是幸福的。陈瑶湖不仅带给他们无尽的乐趣，还带来纯净的美味。因为通江，水荣水枯，湖中四季分明。每一季每一时都有令人陶醉而痴迷的“宝贝”。春末的蒿瓜菜、藕心菜，夏季的莲蓬、芡实，秋天的菱角，冬天的莲藕……还有那四季皆可捕获的大小各色鱼类。

如今，陈瑶湖依旧水面清澈，波光万千；如今，陈瑶湖更加风姿绰约，楚楚动人。

47 菜子湖：龙山凤水候鸟飞

菜子湖档案：

菜子湖国家湿地公园位于安庆市宜秀区罗岭镇，湿地面积 23.58 平方千米，每年吸引了白头鹤、东方白鹳、白鹭、鸿雁等众多候鸟和留鸟在此栖息。

安庆市宜秀区有山有水，人杰地灵。这一带被称为龙山凤水，不仅孕育了一代著名黄梅戏表演艺术家严凤英，同时也是清代书法家邓石如、“两弹元勋”邓稼先等名人的故乡。

菜子湖周边群山逶迤，加上这一带出了许多名人，历史上进士、举人不断涌现，他们虽然在岁月中远去，但他们奋斗的故事、写下的文章却代代流传。动人的传说故事也给这一湖绿水增添了更多的神秘色彩。

菜子湖周边河汊纵横，岛屿众多。湖中有一山叫燕窝山，湖西有一山叫姥山。巢湖之中有姥山，这里也有。可见大自然有惊人的巧合，也演绎许多相似的传说。

姥山海拔约 170 米，登山顶眺望菜子湖，烟波浩渺，天水相接。如果是初冬，雾霭迷漫，湖面上一派仙境。湖东南是绵延的小龙山山脉，最高峰叫大龙岭。再往东看，可见花山及起伏的丘陵，雨潭镇隐约在菜子湖东岸绵延的青山下。明清之际，多少名人从这里走出，桐城派的文章名冠天下。

姥山上最高处建有“双最亭”，题名者为著名气象学家叶笃正，他的老家就在不远处的叶祠。

菜子湖是一幅立体画卷，不仅仅碧水流韵，湖四周也是风光优美。湖边有松子山，有冷漠阴森的老虎洞，有挺立湖心的石人，大自然的确迷人。行走在菜子湖的草甸上，看着牛儿正在低头觅着绿草，很安静地享受这天地之静美。层峦叠嶂沿着湖畔舒展开来，线条温柔，浓淡相宜。

菜子湖国家湿地公园属淤积浅水型淡水湖泊，由菜子湖、白兔湖、嬉子湖 3

候鸟栖息菜子湖

个彼此通连的湖泊组成，为季节性通江湖泊。2009年，菜子湖又被中科院天文台确定为那次日食最佳观测点之一，更让它名传海外。

菜子湖观鸟成为每年冬天游客喜爱的活动。这里是候鸟重要的迁徙停歇、越冬和繁殖地，分布有鸟类15目42科142种，总数约10万只。多半是大雁，也有白鹤、赤麻鸭、天鹅，还有珍贵的东方白鹳，还有叫不出名字的许多鸟儿。雁飞高空，鹤鸣碧波。湖水碧波荡漾，如花温柔绽放。天地静谧，鸟鸣不绝于耳。抬头看天，那不知名的小鸟正扇动翅膀往更高处盘旋，让人目眩。而水面上，千万只鸟儿连成一片，宛如一条黑色的河在天际中，成为一抹写意。借助专业望远镜，能清晰看见近处鸟儿的神态，它们有的在低头觅食，有的在引颈信步，或是在草上追逐嬉戏，或是扑翅腾空鸣叫欢歌，一幅如此悠闲的生态百鸟图。

菜子湖，天然氧吧，候鸟天堂，一点也不虚传。

虎洞水库

48 虎洞湖：流光溢彩景致秀

虎洞湖档案：

虎洞湖原为虎洞水库，地处庐江县柯坦镇境内，周边遗址有牛王寨、百花寨、观音洞等，优美生态与特色人文融为一体。

走进庐江柯坦镇虎洞村方老中心村，犹如走进世外桃源，这里满目青山，树木葱茏，流水淙淙，红楼靓瓦，路径幽长，八弯九曲，向大山深处伸延，一派江南水乡幽境，梦在山村人家，美在游客心头。

虎洞湖所在的柯坦镇是一个拥有 4.8 万亩山区的生态大镇。这里曾是庐桐游击纵队和庐江县政府所在地，经历过无数次血与火的战斗，走出了许多革命英雄，传颂着许多可歌可泣的革命斗争故事。

虎洞湖集水面积 12 平方千米，最大储水量为 750 万立方米，四周被群山环抱，生态环境优美。相传古时候有老虎在此建巢，故而得名虎洞湖。湖水是后方群山石缝中渗透的天然山泉积累而成。湖的四周有万亩茶园，这里以“潜川好茗”“龙井 43”“虎洞云雾”等品牌名茶出名。每到采茶时节，漫山翠绿，茶香扑鼻，所过之处令人感受到“把茶悠然过红尘，借茶静心赏春花”的意境之美。

这里自然环境优美，人文遗迹众多。除了虎洞湖碧波荡漾，群山倒影外，还有竹海松涛——百花寨、合肥最高峰——牛王寨。登高远眺，万里长江尽收眼底，万亩生态茶园叠翠养眼。

据说，虎洞水库早在三国时期就已形成。当年三国鼎立，刘备为统一汉室江山，在今天的柯坦镇城池村建面积 300 多亩的大汉塘水库，随后建造城池。

数千株水杉树，如同“生态巨伞”错落有致地矗立在清澈的水面上，护住了水源。四季变幻、美丽如画的风景，还为当地乡村旅游撑起了一片新天地。除了美丽的水杉树之外，初秋时节，成千上万只白鹭聚集，晨起时纷纷飞出杉林，日落时翩翩归来，构成了一幅美丽的初秋画卷。此外，周边的郑家庄园、百年桂花、柯坦老街、千年银杏、五谷树等，无时不在陈述着古镇厚重的历史与人文。

虎洞景区名字越来越响了，前来观光的人也越来越越多了。如今路宽了、水碧了、树多了、村靓了、人勤了、山美了，一幅幅山水画卷正在变幻中添彩增色、流光溢彩。

49 丰源湖：大别山“人间天河”

丰源湖档案：

丰源湖，又名横排头水库，位于六安市苏家埠。千米长堤将从大别山峡谷奔泻而下的淠河水拦腰截断，上游形成了烟波浩渺的湖面，面积达 1.25 平方千米，是一处以水文景观为特色，以山水风光为依托，集休闲、观光、度假为一体近郊型风景区。

淠史杭水利工程兴建于 1956 年，千米长堤将从大别山峡谷奔泻而下的淠河水拦腰截断，上游形成了面积达 1.25 平方千米的丰源湖。丰源湖以落霞、群鹭、孤舟映平湖等景点成为众多游客向往的人间仙境。

丰源湖原是横排头水库，因刘伯承元帅亲笔题写“丰收之源”而改名。淠河总干渠清碧的水流，一路欢唱，跃上丘陵高岗，到达六安城东五里墩北面，然后依次通过淠东干渠、淠河干渠、瓦东干渠等渠道，浇灌裕安、金安、寿县、肥西、肥东、长丰等县区以及合肥市郊甚至远达滁州市境内的600多万亩农田，使得那些干渴的土地一片青葱。

丰源湖是生命之泉。淠河的源流有两支：东支来自霍山，上有大别山的最高峰白马尖，千山万壑的水流汇入磨子潭、佛子岭两大水库，然后继续北流；西支来自金寨，上有大别山的主峰之一天堂寨，千峰万岭的水流汇入响洪甸水库，然后东流。这东西两源的上游，森林覆盖率近90%，山高林密，繁花似锦，不仅水流清澄，而且含有数十种对人体有益的矿物质。它们汇成丰源湖后，形成了一个独特的生态环境，树高林茂，湖水洁净，鱼虾丰富，鸟类纷飞。丰源湖的水继续北流、东流，为六安、合肥等大小城镇提供工业用水和生活用水。清澈、甘甜的丰源湖的水，汩汩地流进了每家每户。

丰源湖是快乐之水。乘上一只冲锋舟，浮湖驭风，劈波斩浪，剪开万朵梨花，留下一串欢声笑语，确是人生一大乐事。北望溢流坝，葱翠山色，映东西长堤；渺渺湖光，漫上下碧洲。溢流坝和土坝之间的分流岛为“情人岛”，茂林之间筑有“摇翠亭”；溢流坝和冲沙闸之间的分流岛为“吟水岛”，岛头筑有“漾清亭”。溢流坝北面的淠河故道，牛羊依依，牧歌阵阵。此处筑有“情侣小屋”，并附有野炊设施。生机盎然，韵味无穷。

风景区内还有刘伯承元帅亲笔题词“丰收之源”的放水闸，巍伟耸立；清源楼气势雄伟，登斯楼，远眺九公耸秀，近观碧波拍岩，两岸青山起伏，白鹭浅翔栖息，湖光山色尽收眼底。这里还有众多佛教旅游景点：望江寺舍利塔高21米，工艺精美，属省级重点文物保护单位；黄连禅寺有近1700多年历史，寺庙宏伟，香火鼎盛，每年来此参观游览者达10万之众。

这里是一片神奇的土地。水清秀、甘甜、透亮、柔曲；山巍峨、挺拔、秀美、神秘；人勤劳、善良、朴实、睿智。在这里，险峰峻岭、平湖怪石、古刹名寺等自然景观与人文景观融于一体的美景，被誉为“横排仙境”。

丰源湖附近的苏埠老街保存完好，青砖灰瓦、飞檐斗拱，卵石街面、辙印深深，自是别有一番胜景。苏埠更是一块红色之乡，“苏埠四十八天战役”彪炳史册，留有众多革命旧址，现已辟为省重点文物保护单位及爱国主义教育基地，可供游人参观瞻仰。

50 别山湖：烟锁雾罩水碧透

别山湖档案：

别山湖位于霍山县，是大别山腹地主峰白马尖脚下最大的湖泊，也是大别山山区最高的湖，湖面面积23.3平方千米，景点主要有梳妆台、霸王寨、黄金岩、仙女洞、莲花洞等神奇洞穴，与宽窄不一的湖泊组合成诗画般的山水画卷。

大别山横跨鄂豫皖三省，是长江淮河的分水岭，它群峰叠翠，飞瀑流泉，雄壮而秀美。

大别山主峰白马尖，山顶布满了奇松怪石，东北坡的千年都枝杜鹃园，春天盛开时漫山遍野都是华贵之气。别山湖是白马尖脚下最大的湖泊，也是大别山山区海拔最高的水上旅游观光区。上游东西两河之间有一座崔嵬嵯峨、高耸入云的山峰——霸王寨，寨顶山岩峥嵘，怪石嶙峋，奇特多姿。“山得水而活，水得山而媚”，这里是大别山的蓬莱，雄伟的别山湖中的大坝如长龙卧波，矗立在万山耸翠之间。春天青山绿水，鸟语花香；夏天河风拂面，清凉爽心；秋天烟锁雾罩，红枫似火；冬天群山逶迤，银装素裹。四季美景令人心旷神怡，流连忘返。

游人可从渡口上木筏游船，木筏启动后静悄悄地流淌在清澈碧蓝的湖面上，一路欣赏高峡、平湖的美景，别有一番风味。

别山湖游船分为两种。一种是看似草顶木制的，其实配备先进的环保动力系统，航行过程中没有任何污染和噪音。游客们似古人乘木船泛舟湖上，湖光山色，美不胜收，以此方式来领略水上大别山的无限风光，让人难忘。另一种乘坐快艇，湖面宽阔，湖水清澈，阳光下乘快艇如同在驰骋在蔚蓝的大海一样，让人心胸开阔，心旷神怡。

仁者乐山，智者乐水，山水兼得，何其幸也！深藏于大别山群山间的别山湖，带着淡雅疏朗的诗情画意，更有朴素清新的生态气息。

附近有龙井峡，峡谷中所有名称均与龙相关。峡谷内瀑布成群，怪石遍地。这里的瀑布四季流水不断，龙门跳瀑布高 70 米，气势磅礴。

游览别山湖上岸后，还可以游览古村寨霸王寨。蜿蜒曲折的山间小路，跌宕起伏的山峦，石林相间的峭壁，缠壁而过的涧泉，深不可测的峡谷，一碧万顷的湖泊，别山湖之旅让人陶醉。

51 洞天湖：山水相依有洞天

洞天湖档案：

洞天湖，即岩湾水库，坐落在六安市横塘岗的十里群山之中。这里山岭绵延、沟壑纵横。围绕岩湾水库幽深曲折的湖面，山、水、石、洞等自然景观星罗棋布。

唐朝诗人皮日休游历六安雪峰岩云居寺时曾赋诗称赞："雪乃天空降，峰从地上生。禅绕幽境寺，院听诵经声。"雪峰岩云居寺就坐落在洞天湖景区。

叫云居寺的很多。距离北京城 70 里的房山有一座云居寺，福建的连江有一座云居寺，西安市有一座云居寺，而无独有偶，这些云居寺都是建于唐代。不同的是，洞天湖的云居寺是建在一个大山洞里。

碧水、名寺、名诗，洞天湖景区有了不一样的禀赋与气质。从高空俯瞰，群山以不同姿态卧伏水中，山水相依，可谓情悠悠，梦悠悠。

在洞天湖的东南角，有一处气势磅礴的雪峰岩。岩下形成一洞穴，洞深约 20 米，宽约 100 米，堪称"江北第一岩"。唐贞观年间在此建云居寺。洞顶石壁自然形成的石沟汇聚山间清泉，常年不断地呈一线飞下，注入洞前一清水塘，飞花溅玉，涟漪阵阵。夏日，洞内凉风嗖嗖，泉水叮咚，真可谓“雪峰环抱，佛光普照”。俗话说：自古名山僧占多。可见洞天湖景区自古就是风景名胜之地。

洞天湖原为岩湾水库，位于六安城外横塘岗西南十里群山中，蓄水面积 3.6 平方千米。湖因山势，山水回环，呈“天”字形。山上岩穴连属相望，数以百计，故名“洞天”。

这里山岭绵延，沟壑纵横，山、水、石、洞、庙宇融为一体，构成了三面峭壁、四湾碧水、五星望月、绿树成荫、七方岩洞、八仙观景等一幅幅美妙动人的画卷。湖畔之山多为沉积岩，经亿万年时间鬼斧神工的雕琢，洞穴纷呈，形态各异，妙趣横生。当地山民称洞为“岩”，有些洞穴中可容千人，蔚为大观者当数飞龙岩、太平岩、雪峰岩、八仙岩、太子岩、响岩……

著名的飞龙岩在黑虎山西侧，越湖坝西，穿五里松径，或走舟湖上，至岩湾登山北上，均可至岩下。岩洞宽约 30 米、高约 6 米、深约 50 米。一墙横堵洞口，墙由土石夯筑而成，上有射孔，弹痕枪眼依稀可辨。当年舒传贤、许继慎曾率红军转战于此，凭借天险，留下许多抗敌佳话。

由飞龙岩南行两里，便至“一线天”，这是一道长约 1000 米的峡谷。走进峡谷，两旁悬崖逼仄，抬头唯见一线天光，壁上藤蔓缘生，清幽逼人。两壁各有一洞，大小高下相若，左为太平岩，洞内干爽；右为滴水岩，洞顶终年滴水，而底口凹收，积水成池，寒气袭人。相传，太平天国英王陈玉成屯兵于此。

岩湾分为水上游览区和后山游览区。水上游览区以洞天湖水面为主，主要景点有沙滩浴场、将军山、三星赶月、八仙排洞等。后山游乐区以洞穴、幽谷景观为主，主要景点有飞龙岩、一线天、太子岩等。

洞天湖景区是大别山有名的狩猎基地，也是集观光游览、休闲度假、户外运动于一体的精品景区，来到这里，定会让人们畅游其中，乐而忘返。

52 瓦埠湖：河湖一体　鱼鲜蟹肥

瓦埠湖档案：

瓦埠湖，位于淮河右岸，为东淝河的中游，河湖一体，为河道扩展的湖泊。湖面跨寿县、长丰两县及淮南市，主要在寿县境内。湖区长52千米，水面156平方千米，盛产鱼类，蟹虾，尤以银鱼著称。

瓦埠，本是寿县的一个地名，依托东淝河沿岸商贸而兴起。春秋末期，孔子弟子宓子贱由鲁国出使吴国，病逝在这里。因此，这里留有宓子墓，后人建宓子祠，把瓦埠称为君子镇。

瓦埠湖其实是东淝河下游的一部分。东淝河到这里水面开阔起来，烟波浩渺。究其成因在于东淝河上游是起伏不平的丘陵，中下游地形趋于平坦。瓦埠湖因黄河夺淮，造成了黄泛淤积而逐渐形成了湖泊，又因毗邻瓦埠古镇而得名。据说它是安徽五大淡水湖之一。

清光绪《寿州志》载："过庄墓桥西行，至瓦埠街下十五里注肥，其南北滨悉卑下，每遇水涨，数十里皆成巨浸，殆《郦注》所称'水积为阳湖'者也。"这段文字表明瓦埠湖是淮河遭黄河泛滥以后，逐渐扩大演变成的湖面，一百多年前，住在瓦埠街的人们看不到今天的湖。

瓦埠湖的确很美，是一种自然的美。湖水清澈透明，湖面白帆点点。白色的鱼鹰在天空翱翔，偶尔一闪伸入水中，叼起银色的小鱼，展现了一种生机勃发的美感。

约上三五好友，摇着小船荡漾湖面。用手掬起一捧水，在指尖流过，清凉的感觉渗透进肌肤。轻柔的风从耳边拂过，吹过湖面掠起细浪，从船畔向着后面游荡而去，水呈现淡淡的绿色，是那么清澈。湖面映照着蓝天，湛蓝的天空里，几片白云舒展，映照着湖水。徜徉这宁静、澄澈的天地间，幽思之情自然萌生。

湖面上，有的地方开阔，碧水映照蓝天。有的地方则是水草丛生，芦苇、蒲草一丛丛，一排排，在风中摇曳；一大片一大片的芡实，平铺在水面上，密不透风；碧绿的荷叶，像一把把小伞，排满湖面；与此相伴的，还有一丛丛的红菱，透过明澈的湖水，可以看到水下的菱角，摘下来，剥开娇嫩的外壳，露出洁白的果实，放进嘴里尝尝，又甜又嫩。

湖岸边摇曳着翠绿的垂柳、芦苇，一望无际的湖水辉映着远山、村舍、农田……而黄昏的瓦埠湖别有意境。西天的晚霞幻化着绯红的色调，与平静的湖面默默相对，彼此渲染，抒发着无声的默契。晚风悠悠，拂过或近或远的芦苇荡，水中沙洲上一片葱绿，一片绯红。深居城里喧嚣之中，如果来到这里，面对此情此景，疲惫早已经被这安宁清澈的湖面清洗殆尽，澄澈透明。

瓦埠湖还是候鸟的天堂。每年秋冬两季，会有许多白天鹅栖息这里，它们在水面上安静地飘荡，给冬日里的大自然增添了活力，令人赏心悦目。

浩瀚的瓦埠湖水域，盛产银鱼、毛刀鱼、白虾、河蟹等几十种淡水无污染的鱼类，给古老的集镇周边的民众带来了丰富的水产品。晶莹剔透的瓦埠湖银鱼，在明末清初时就被列为贡品。

生态优美的瓦埠湖，人们的精神家园。

53 高塘湖：桑田沧海神韵添

高塘湖档案：

高塘湖又名窑河，在淮河中游南岸，跨淮南、凤阳、长丰、定远等市县。原系淮河支流窑河河道，自黄河南徙夺淮后，由于泥沙封淤河口，积水成湖。

淮南市东部，有一片辽阔的水域，凭高远眺，碧波荡漾、横无际涯。湖水在不同的季节、不同的时间、不同的气象条件下，呈现出绚丽多彩的变化。它就是淮河东南岸的大湖——高塘湖。

高塘湖既是湖，也是河。高塘湖又名窑河，它南纳青络河、沛河、洛涧河，北经上窑闸至怀远县新城口注入淮河。新城口古称洛口，窑河亦称洛河，古称洛涧。

由于窑河在上窑附近受地形限制缩窄，以及河口段受黄河泛滥浸入淤高，中

高塘湖

游低洼河段遂扩展成湖，河湖一体。

高塘湖及周边水域宽阔，河网密布，湖滨地形平缓，土地肥沃，自古是淮南鱼米之乡。在三国时期，高塘湖一带即是魏吴交兵时魏国的后方基地，曹操在此囤积粮草，也在湖周锻造兵器。

丰腴的高塘湖流域，自古即广居人类。其上窑镇南 2.6 千米处的管家嘴，为伸入高塘湖心处的半岛，据传是古西曲阳城所在地。

因黄河泛滥致使淮河形态改变，造成支流不畅、潴而成湖的高塘湖，湖内水草丛生，湖边植被茂盛，是江淮之间一处重要的生态湿地，风景怡人，极具观赏价值。

高塘湖周边风景名胜众多，人文历史丰厚。其中最著名的当是上窑国家森林公园。它位于淮南市东北部，依托钟灵毓秀的上窑山水，横卧于美丽富饶的高塘湖之滨，是集生态旅游、人文景观、度假休闲、科普教育、娱乐健身为一体的森林公园。

在雄奇险秀的上窑山中，竹海滚滚，林木葱茏。这里的高塘湖水碧波万顷，烟波浩渺，霞雾氤氲，如梦似幻。

在无限神奇的山林中，自然与人文景观相映生辉，名胜古迹浑然天成。有雄伟壮观的神山古刹，有朱元璋儿时玩耍的牵牛巷，有始建于明弘治年间庙宇恢弘的洞山寺等。

高塘湖上已先后架起窑河大桥、淮蚌高速公路大桥、高铁窑河大桥等交通枢纽……一个风光秀丽的新高塘正碧波荡漾、风情万种地向人们展示它的无限神韵。

54 女山湖：天工造化凿瑶池

女山湖档案：

女山湖位于明光市东北部，呈东西狭长分布，面积有80平方千米。其水域通过淮河流向洪泽湖、高邮湖，通过大运河流入长江。水美鱼肥，自古以盛产螃蟹、银鱼、芡实、白鱼著称。

女山湖，位于淮河右岸，是明光市最大的湖泊，也是安徽著名湖泊之一。

女山湖为郯庐断裂带局部凹陷洼地，积水而成。也有地质学家们考证，女山湖为火山喷发后形成。火山喷发末期，火山口熔岩自然冷却下沉，便形成深浅不一的凹状火山口，自然积水成湖。

湖泊所在的女山湖镇历史悠久。远古时代属于淮夷之地，夏商周分属扬州、徐州、青州，春秋战国分属吴国、楚国，居于“吴头楚尾”。据乾隆《盱眙县志》载：“在玉环山，相传有眉州一长者姓柳，携二女流寓此山，既殁显灵，祷者纷集。”因此玉环山又名女山。尽管县志记载简短而无趣，但民间流传的女山湖故事悠远而绵长，最有名的莫过于庞龟和玉女凄婉的爱情故事。

相传女山湖上原有一摆渡老人，因叉鳖十拿九稳，被称为鳖爷。鳖爷有一女儿，名玉女，生得如花似玉，与渔人庞龟相恋。恶霸王爷看中了玉女，上门抢亲，与庞龟打了起来。搏斗中，王爷死了，庞龟也倒在船板上。玉女心如刀绞，抱起庞龟一头扎进湖里。后来，庞龟化作龟山，玉女化作女山。龟山和女山

遥遥相望，恰似庞郎和玉女心心相印。从此，当地渔民便将这大湖命名为女山湖。

女山湖质清澈透明，水草资源丰富，湖内盛产银鱼、青虾、甲鱼、野菱角、芡实、莲子等动植物。“女山湖”牌系列水产品，深受消费者的青睐，市场占有率逐年提高。尤其是“女山湖”牌大闸蟹，曾获国优称号，远销东南亚国家及中国香港、台湾等地区。

每当春天来临，湿地上长出芦苇、莲藕、芡实和菱角、蒿草等数十种水生植物，一部分便作为村民们丰富的副食品，一部分作为畜牧业饲料。

夏季，湿地上荷花飘香、青草摇曳，成熟的芡实和菱角遍布湖面。一眼望去，一望无际的绿，远处芦苇荡和湿地里常常有孩童们打猪草或放牛的身影，构成一幅幅天人合一的和谐图画。

秋天水位下落，被湖水漫过的湿地基本露出地面，成为白天鹅、黑鹳、大鸨、鸢等珍稀鸟类越冬栖息的场所，这些鸟类为女山湖频增了无限生机。

冬天，湖面也会宁静得如诗如画一般，残荷与湖边建筑倒映在湖中，还原了美丽的生活环境，真可谓美不胜收。

女山湖镇作为古代濠泗天堑、淮防重地、商旅要津，历经千年沧桑，留下许多古迹遗址。西桥头新姿、封闭堤漫步、马沉涧夕照、古火山新貌等新十景，吸

引游客纷至沓来，新建成的女山湖地质公园里有金庸《倚天屠龙记》中热情赞美的蝴蝶谷，还有传说中的仙人洞、龙躺沟、瓢儿井、蟠龙树等自然景观，以及二娘庙、三元宫、何老坟、爱情桥等人文景观。

如今，女山湖所在的古镇焕发生机，凭借得天独厚的区位条件和资源优势，各项事业都取得了飞跃发展，已成为闻名遐迩的水产品集散地、富庶繁华的鱼米之乡、省级水产科技示范强镇，安徽省旅游乡镇，“中国螃蟹之乡”。

55 四方湖：赏荷垂钓处

四方湖档案：

四方湖为自然河流北淝河中游一段，为河湖相连的河道式湖泊，位于安徽省怀远县古城镇南。它纯美、自然，为安徽省水利风景区，景区总面积108平方千米。

关于四方湖的地名来历、意义，人们普遍理解为湖泊的形状为四方形。这种理解过于简单、牵强，难以让人信服，事实上湖的形状和四方形毫无关系。

通过当地学者对《诗经》的研究，发现怀远四方湖可以算是《诗经》研究的活化石。

四方湖北岸有一座古城遗址。对于它的历史，中国史学与中国考古至今没有一个完整可靠的定论。民间学者结合史料进行分析、考证与论证，以及自己一些亲身经历、所感所悟，论证怀远县古城遗址为春秋向国，而且这个向国有关中国文化起源，与悬而未决的中国《诗经》的诞生地与发展地，有着密不可分的关系。

由此可见，曾经多少人，在四方湖之畔，吟咏那些千古经典。

四方湖由它本来的面貌生长着，不管曾经发生过什么，它是养育一方人民心中的四方湖。叫什么不重要，为什么叫这个名字也不重要，重要的是现在的四方湖依然充满活力，依然碧波荡漾。

美丽的四方湖碧波荡漾，像一块美玉镶嵌在古城这块热土上。每年夏季，湖中绵延几百亩的荷花争奇斗艳，湖边郁郁葱葱的树林阴翳蔽日，有钓鱼爱好者在湖边专注地垂钓。

四方湖水区面积达 2 万亩，湖水纯净，为二类水质。湖中生长着 80 多种水生植物，茫茫林海栖息着白鹭等 100 多种珍稀鸟类；水产品种类繁多，有 80 多种，螃蟹、鳜鱼、青虾等享有盛名；湖周边土地肥沃，盛产麦、稻、玉米、花生、高粱等五谷杂粮。景区生态优美，是天然的湿地生态公园。

怀远原来不仅石榴出名，还有深藏不露的四方湖的前世和今生，值得人们去探寻。四方湖与《诗经》有没有关系也不重要，重要的是它有一种自然之美，以母亲的情怀，哺育万物。

56 沱湖：一网晨曲一湖星光

沱湖档案：

沱湖是皖北最大的天然淡水湖泊。它的上游为沱河，经宿州、灵璧，至濠城入五河县，下游经漴潼新河入淮，全长270千米。在沱湖乡境内的沱湖水面开阔，面积近10万亩，水产丰富。

广袤的淮北平原因为有了沱湖，也就有了无穷的魅力与诗意。

沱湖很特别。河湖相连，湖中有滩，滩中有水，水天相连。湖内菱角丛生，鸥鹭成群，是独特的渔乡风情画卷。

沱湖自然风光优美，水产丰富，此外拥有众多遗存和传说。在沱湖，吃着地道的农家菜，听听当地人讲述靴筒地、凤凰咀、黑鱼沟、陈南咀、晒银滩、封侯咀、情人岛等美丽而神奇的故事，是饶有趣味的。

在沱湖上游北岸有个小村落，村名叫作“南阳集”，南阳集有块地叫作“靴筒地”。据说这里是东汉皇帝刘秀躲避追兵的地方，他与王莽交战败走，慌乱间藏身于一片高粱地中，蚊蝇乱飞。追兵追到高粱地，终因耐不住蚊咬蝇叮，胡乱搜了一通就走了。后来，刘秀建立了东汉政权，人们就把这个村子叫作“小南阳”，成为集市后又称“南阳集”。刘秀当年藏身的高粱地，因他掉了一只靴子，慢慢地变成了一个靴筒的形状，人们就把这块地叫作“靴筒地”。

到沱湖，吃鲜活的鱼虾蟹，划小舟湖中漫游，坐快艇水上冲浪，投身大自然怀抱，让人无比惬意。

沱湖的春天，湖岸垂柳依依，夏天湖内荷花绚烂，秋天湖滩芦苇片片，冬天湖面冰雪相接，一年四季，各具特色，水乡特色鲜明。沱湖像一位恬静的少女，又像一幅立体的水粉画，不同时期具有不同风韵。

沱湖省级自然保护区水资源丰富。保护区是典型的河迹洼地型湖泊湿地，常年保持8万亩水面，是皖北地区最大的无污染淡水湖。保护区是许多珍稀鸟类重

要的越冬或迁徙地，主要有国家一级保护动物白鹤、白忱鹤、白鹳、黑鹳、大鸨及国家二级保护动物灰鹤、鸳鸯和白尾鹞等。

沱湖水产品远近闻名。沱湖螃蟹荣获“安徽省名牌农产品”“全国十大名蟹”和“绿色食品”等称号。沱湖年产河蟹 15 万千克，其他水产也很丰富。这里还有台子山石器遗迹，东有古虹县遗址，西南有汉五台、霸王城等遗迹遗址。其中，朱元璋品蟹亭吸引人们前来凭吊。相传有一次朱元璋回乡祭祖，顺便游览沱湖，在一亭子里品味螃蟹后，君臣诗兴大发，吟诗作赋。

霸王井也是一品味历史之处。相传霸王兵败逃到沱湖，十船九空，饿殍遍野。一声长叹后，他拔剑刺地，一股清泉涌出。后人掘井，名为“霸王井”。

在沱湖，既可游览人文古迹，又可回味悠久的历史。

57 石龙湖：芦苇摇曳鸟飞翔

石龙湖档案：

石龙湖位于泗县城南15千米，地处龙须沟与石梁河交汇处，区内湿地面积约1万亩，汛期水面达3万亩，湖泊最深处约10米，水质优良。石龙湖国家湿地公园兼有河流、湖泊和芦苇沼泽等多种湿地类型，湿地原生态景观丰富优美。

在千里淮河中下游北岸，有一片风韵绰绰的湿地。当你看到这片绿洲，就像在敦煌的沙漠里看到了月牙泉。一望无际的灌木丛茁壮茂密，成片的野草芦花争奇斗艳，微风轻拂，草长莺飞，这便是石龙湖国家级湿地公园。徜徉于此，无不惊艳于"地球之肾"以其独有的风貌，向世人展示着它的自然淳朴和原始的生态之美。

走进石龙湖湿地公园，绿绿的芦苇在微风中摇曳，这是一片自然野趣的生态湿地，纯真质朴的田园风光，奇异美妙的龙眼温泉，是泗县得天独厚的处女地旅游资源。特别是区域内分布的大面积野生莲、菱和一片片原生芦苇等水生生物群落，吸引了数十种美丽的水鸟在此栖息、觅食、嬉戏，形成了独特的湿地景观。

在水质优良的石龙湖，乘着小舟，常年可欣赏大面积的野生芦苇、睡莲、荷花、香蒲、水冲、菱角等野生植物，以及青鱼、草鱼、鲢鱼等近百种野生鱼类，还栖息着几十种鸟类，真是美好的家园。

站在小舟之上，一片片不规则的芦苇，勾勒出一幅幅水墨写意的画面，狭长的水域，繁茂的植被，偶尔有三五成群的鸭子在水中嬉戏，是石龙湖给人的第一印象。乘坐小舟，逐渐向湿地内驶入，水域逐渐宽阔，两岸田园风光映入眼帘。风，从耳边拂过，带着芦苇的沙沙响声以及各类动物发出的嘤嘤声响，使人逐渐脱离了城市的喧嚣，投入了自然的怀抱。

如果说芦苇、候鸟是公园内的特色景观，那么龙眼温泉便是石龙湖景区的最大亮点了，大大的莲花、荷叶雕塑下，就可以看到泉眼，泉水不断从泉眼中涌出，似

石龙湖风光

喷泉一般。此泉眼不仅常年流水不断，而且流出的是 24℃左右的温水，非常奇特。据传，朱元璋的军师刘伯温曾经在此建过土窑，破坏了龙脉，导致泉眼滴水，后成湖，故名石龙湖。

石龙湖湿地生态旅游项目包括两个部分：湿地保护区和生态文化旅游。主要景点有 5000 亩荷花（睡莲）观赏园，以及野生鱼类观赏池、芦苇荡百鸟园、休闲垂钓中心、邓愈故里等。

石龙湖，璀璨的明珠，镶嵌在美丽的泗州大地上。岸边家乡，风光秀丽，沃野芬芳。霸王古城墙，雄风骀荡。邓国公故里，谱写新章。湖韵亲沃土，麦翻千重浪，家家生活美，宛如人间天堂。

水泽茫茫，植被丰茂，百鸟翔集，百姓和乐。美哉！石龙湖！

城水相依

一座城，有了水，便有了灵动韵律；一湾水，因与一座城相依，荟萃人文。

漫步十六城，遍数一湖水：江城镜湖，映照繁华；珠城龙子湖，演绎悠久传说；宜城菱湖，文人墨客曾歌吟……

这些都市里的湖泊，曲岸蜿蜒，垂柳依依，让人们生活有了浮生半日闲的放逐；这些熙攘喧嚣的城市，枕水而居，涤尽多少尘世浮华的俗念。城水相依，便是人间的佳境；与水为邻，更是诗意的栖居。

58 宣城宛陵湖：双桥落彩虹

宣城宛陵湖档案：

宛陵湖位于宣城市区南部，北至水阳江大道，南至滨湖路，东临宣向路，西至薰化路，总面积约 3.6 平方千米。宛陵湖分东、西两湖，功能上可分为市民文化休闲带、公共观光游憩带以及森林度假旅游带。

宛陵湖，一听这名字，就能感受到它的温婉美丽。

其实，宛陵湖原名“鳄鱼湖”，很多外地游客，以至于有些本地人都能将其与扬子鳄自然保护区的鳄鱼湖混淆。为区别两者，“宛陵湖”这个名称在征名活动中脱颖而出，“宛陵”是古宣州的名称。

宛陵湖原是一片洼地，每当雨季来临，交通阻断，农作物受淹。宣城人民因势造湖，把一片易受洪涝影响的低洼地，改造成了一个景区，它是省级湿地公园，还是长江湿地保护网络的成员。

极目远眺，宛陵湖景区北与“相看两不厌”的敬亭山、“蓬莱文章建安骨”的谢朓楼遥相辉映，南与国家级生态旅游观光胜地扬子鳄繁殖区相依相偎，南北山水呼应，园林景观带相连，好一派皖南盛景。

宛陵湖景区内有沙滩俱乐部、诗词文化馆、远香堂、望湖楼、月湖楼等景点，成为宣城人晚饭后休闲地，情侣们的新去处。

顺着景区的绿道，走到湖边，放眼望去，水是清得不能再清的，天是蓝得不能再蓝的。烟波浩渺的湖面，让人有披襟临风之感。站在湖边的观景桥上，看那水中的鱼儿成群结队地向湖中央游去，在身后留下了一圈圈涟漪。湖对岸的望湖楼、孔桥等都映入了湖中。一阵微风吹过，吹“皱”了湖面，倒映在水中的影子便微微晃动起来。

叠翠桥、揽胜阁、望湖楼等，都会引发人的幽思之情。湖畔有一片沙滩，许多人赤着脚在沙滩上玩，妈妈带着小朋友在挖沙坑、堆沙堆，还有的在进行沙浴。古

宛陵湖夜色

时宣城有一处“严子滩”，相传东汉隐士严子陵不愿出任刘秀的宰相，在水边的沙滩钓鱼，人们就称其为严子滩。

李白在《秋登宣城谢朓北楼》里说道：“江城如画里，山晚望晴空。”宣城自古多河山。如今，一个偌大的美丽湖泊与城市相依。湖倒映着山，山映着湖，在这方天地听着湖岸优美的声音，静静感受城市的温柔，岂不美哉。

宋代词人王观曾说：“水是眼波横，山是眉峰聚。”无山不秀，有水则灵。如今的宣城，北有敬亭山，南有宛陵湖，是一个美丽、宜居的城市。

59 池州清溪河：诗韵飘逸风悠悠

池州清溪河档案：

清溪河位于池州，有上下清溪之分，上段称白洋河，是贯穿城市的一条通江河流，是古池州城的一条护城河。李白等不少文人在此驻足、留下诗文，积淀着丰富的历史文化。

清溪河是一条古老的河流，早在盛唐时期就有李白摇桨而入了，沿清溪河游吟、垂钓，曾发出“清溪清我心，水色异诸水。借问新安江，见底何如此”的感慨。

继李白以后，清溪河更是诗人吟唱的泛舟之河。杜牧游过它，包拯越过它，岳飞望过它，周必大赞过它，还有许许多多历史名人来此觅踪。波光灵动的清溪水、两岸多姿的烟柳树、水底五彩缤纷的鹅卵石、各类动物的鸣叫声，使河流溢满了古人的诗韵。因此，池州成了“千载诗人地”。

清溪河也是一条文化的河流，人们只要漫步清溪河两岸，随处可见篆刻、徽雕、牌坊、古树、藤箩、石块、傩舞、诗歌、壁画，这些成就了眼前辉煌的场景，使人文景观与自然景观交相辉映，奢华中不乏古朴谐趣，美丽中深藏悠久的历史典故。每当游客来清溪河中漂流时，虽然听不到古时那“两岸猿声啼不住”，但却能感受到“轻舟已过万重山”的意境之美。更重要的是，能在自然乐趣中感受文化的魅力，收获到丰富的知识。

清晨，薄雾在河岸树梢间缭绕，把清溪河笼罩得像一首朦胧诗，也像一幅水墨画，淡雅、素洁、婉约。当朝阳轻轻地贴伏在草坪和水波上，早起锻炼的、排练舞蹈的、读书看报的、赏鱼遛鸟的，都被润红了脸庞。入夜，河两岸分不清是星光还是灯光，各色霓虹灯交相辉映，陪老逗小的、呼朋唤友的、谈情说爱的、独步赏景的，皆如梦如幻，如入仙境。这一切分明是一幅流淌的《清明上河图》。

清溪河更是一条佛性的河流。这条清碧的河流从源头九华山带着智慧的佛性而下，弯弯曲曲一路奔到城区后再下长江。于是，城区的沿途便有了南湖烟柳、古城遗风、诗韵飘逸、百牙晓风、贵口扬帆五大景观带，景观带不仅把清溪河打扮得分外多姿，而且使这条河流两岸处处带有深厚的文化积淀。

清溪河段群山环抱，山石峥嵘；明净典雅，满目葱茏，苍穹碧波相映成趣。千百年来日积月累的清风明月流入了佛文化的精髓，使这条充满灵性的河流在暮鼓晨钟中倾听九华山的袅袅佛音。

在日新月异的新时代里，清溪河的设计师们在“彰显历史，传承文化，感悟自然，体验人文”的理念中，将池州悠久的历史文化穿插其中，打造了池州诗文化、傩文化、牌坊文化、建筑文化、唐文化。此外，清溪诗画墙还雕刻了历代文人咏叹池州的名诗名画。

牌坊文化广场，重现了城内历史上的98座牌坊，折射出人才辈出、人杰地灵的辉煌历史；傩文化广场，是有“中国戏剧活化石”之称的池州傩戏文化的标志性建筑。广场上亭台廊轩布置有序，展示出既有徽派建筑风貌，又有地方特点的池州传统建筑景观。

来到清溪河，从“池阳怀古”“柳杨烟绕”“岁月如流”“傩戏之乡”“画舟霜柏”“诗涌岸绿”“三亭邀月”“古坊印记”“清溪映月”“古渡寺影”“山水情缘”“贵口扬帆”12个景点中，能感受精美绝伦的画卷，更能体会池州数千年积淀的文化，回味悠长。

清溪河

平天湖

60 池州平天湖：地可平天水如练

池州平天湖档案：

平天湖，位于池州市东南，南依九华山，北抵长江。一年四季，平天湖都有着独特的美，构筑了池州典型的“山水在城中”的特色景观。

平天湖风景区集山、水、湿地于一体，自然景色优美，人文积淀深厚。

“水如一匹练，此地即平天。耐可乘明月，看花上酒船。”这是唐代诗仙李白夜游平天湖留下的千古绝句。

史书记载，南宋岳飞为渡江抗金曾驻兵贵池齐山，练水师于平天湖。“经年尘土满征衣，特特寻芳上翠微。好水好山看不足，马蹄催趁月明归”正是岳飞探访景区内齐山的感言。南朝梁昭明太子封地于此，常垂钓于平天湖上。平天湖的龟山岛，因其形似神龟，面南而拜，世称神龟拜九华。

传说贵池因水美而闻名，而平天湖风景区又为该区水美之最。池州平天湖旅游度假区由齐山风景区、包家山森林公园、平天湖及周边丘陵、山体组成，是池州市“一城五区”格局中重要的一区。平天湖景区和周边的山体、植被、动物等共同勾画出一幅和谐的图画。这其中，山为骨、树为衣、水为魂，缺一不可。

包家山森林公园位于景区南侧，原为村集体林场，山上植被葱郁，有各类植物资源。丰富的植被资源是各类动物赖以生存的基础，也是人们开展森林旅游和科普教育的理想场所。

被喻为“城区明珠”的平天湖，山清水秀，自然生态环境绝佳，这里依山傍水、风景宜人。人，择水而居，城，因水而美。一座城市有了水便有了生气，平添些许灵动、韵致。平天湖犹如一位娴静的少女默默地安卧于城东南隅，更有省级风景名胜齐山依偎其旁。青山依绿水，尽显江南女子婉约之美。

傍晚，漫步林中曲径小道，眺望平天湖湖光山色，点点竞舟划破一汪明镜，会令人心情豁然开朗。平天湖被喻为安徽的“西湖”，虽声名与景致不能与西湖媲美，但不乏胜出之处。余秋雨曾评价：“西湖排场太大，过于盛装，是一种雕琢之美。”而平天湖则是“天然去雕饰”，似一幅淡淡的水墨画，湖水清澈无污染，处

栈桥穿过平天湖，成为市民亲水的好去处。

平天湖

处彰显着自然之美。

平天湖三面层峦叠翠，一面豁然开朗。富有变化的湖体，柔美中透着野性，灵秀中又不失浩渺。群鸟竞飞，渔歌唱晚，空灵中彰显出平天湖的大气。真正让人感受到什么是自然、纯净，什么是平衡、恬美，并从中悟出其精神之内涵——淡泊气定，娴雅和谐。

如今，一山一湖，山水相依，置身城市中心的齐山—平天湖风景名胜区自是风光旖旎。湖上建有游艇码头、咖啡吧、音乐小广场、亲水沙滩及观湖亭等；水上运动游乐项目有水上快艇、水上步行球、水上摩托、香蕉飞船、滑水、自划橡皮艇、自划小木船及自驾艇等，让人眼花缭乱，应接不暇。

平天湖与池州古城、杏花村风景区鼎足相望，是山水文化的缩影，不仅构筑了池州典型的“山水在城中”的特色景观，而且也体现了中国文化中最感性、最唯美的一面，成为人们永恒的心灵召唤。

61 安庆菱湖：虹桥柳岸听菱歌

安庆菱湖档案：

菱湖位于安庆，建成的菱湖公园环境优美，是安庆市民休闲娱乐的重要场所之一。园内不仅景色优美，人文景观也丰富，有严凤英雕像、黄梅阁、邓石如碑馆等。

菱湖原是一片天然湖泊，与石塘湖、破罡湖相通，以多菱而得名。以其为依托建成的菱湖公园位于安庆市菱湖南路，辛亥革命前后建园，是安徽省建成最早的园林式公园，以菱荷景观和菱湖夜月景点闻名。

菱湖以水取胜，这儿碧波荡漾，渠道纵横；湖心小岛，亭竹相映；水上竞舟，笑语满湖。夏秋时节，菱荷茂盛，莲花斗艳，四处飘散着醉人的清香。若逢采菱季节，皓月当空，泛舟湖面，篙桨点水，舒喉清歌，意境幽美，景色分外迷人，有“菱湖夜月”之称，亦是安庆胜景。如今，那掩映在绿荷深处的重檐方亭，为欣赏菱湖夜月之佳境，故又名夜月亭。夏日满湖鳞次栉比的荷花，如梦如幻，波光粼粼，微风吹来，满湖生香。

菱湖公园

清晨，约上家人一起去菱湖公园进行一场有氧慢跑，看公园里的老人慢悠悠地穿梭在宜城的天然“绿肺”里，满池的荷叶莲花、随风飘摇的柳条，让人感觉仿佛误入了桃源仙境。偶尔出去走一走，来到菱湖公园散步，尽管时间不一，但还是欣赏了不少美景。

菱湖公园是人们尤其是文化人士所熟知的名园。20 世纪 20 年代，著名作家郁达夫曾任教于菱湖公园旁的安徽公立法政专门学校，他在小说《茫茫夜》中写道：“北面去城不远，有一个公园。公园的四周，全是荷花水沼。园中的房舍，系杂筑在水荇青荷的田里，天候晴爽，时有住在城里的富绅闺女和苏扬的幺妓，来此闲游。”在此期间，郁达夫读累了，写累了，教书累了，外出散步，必然去菱湖。在学校近旁的菱湖公园里，与一群青年学生，谈谈异国的流风遗韵，是平生的一大快事。

作为一座国家级历史文化名城、国家级森林城市，安庆有太多的人文和自然景观，这里山水有灵。

安庆曾做了近 200 年的安徽省省会，积淀了太多的人文。安庆地区自古就人才辈出，走出了张英、张廷玉父子宰相，还有陈独秀、邓石如、邓稼先、杨小楼、严凤英、海子等历史名人。

从高空俯瞰美丽的安庆，湖泊波光粼粼、碧练如洗，像是镶嵌在城市的美丽珍珠，而菱湖是那最动人璀璨的一颗，在气势磅礴的长江边，熠熠生辉。

菱湖公园

62 铜陵翠湖：铜都怀抱一翡翠

铜陵翠湖档案：

翠湖，位于铜陵市新城区，有翠湖公园，铜雕、亭廊、树木与翠湖相映成趣，是铜陵市民游玩休闲的一处好场所。

铜陵因铜得名，素有“中国古铜都，当代铜基地”之称。采冶铜的历史始于商周，盛于汉唐，延绵3000余年。新中国第一炉铜水、第一块铜锭出自铜陵，第一个铜工业基地建于铜陵，第一支铜业股票发自铜陵。铜文化已成为城市文化的核心元素，铜经济已是城市最具特色的强市之基。

湖是一个城市的肺，呼吸畅通了，城市就有活力。翠湖为这个工业城市带来了绿意葱茏。今天，翠湖公园不仅是市民游玩休闲的一处好场所，也成为铜陵打造山水生态城市的一张名片。

芜湖的镜湖，淮南的龙湖，合肥的包河，马鞍山的雨山湖，它们都是城市的名片。城市中的湖是这个城市人民生活品质的晴雨表，人们喜欢湖，犹如喜欢自家的孩子。

翠湖风景如画，生机勃发。这里草木葱郁，碧水清波；这里白鹭飞舞，天鹅戏水。

朝霞映日翠湖满，春风摇柳绿丝绦。每天清晨，城市还在睡梦中，湖面轻雾缥缈，林立的高楼被湖畔的绿荫环抱。待到红日初升，沐浴在霞光之中的翠湖公园逐渐热闹，居民前来散步娱乐、健身锻炼。漫步其中，让人有一种到了苏杭的感觉。在翠湖的任何一个角落放眼望去，满园都是景。仅仅是垂柳，就像少女一般，梳理着美丽的长发，婀娜多姿。微风吹来，柳树摆动着柔软的枝条，好像在向人们炫耀自己的美丽，非常迷人。

翠湖美离不开铜雕的点缀。掩映于翠湖的铜雕塑，在苍翠的绿色里，显得格外惹人喜爱，它们屹立在园内的不同角落，月影、力挽狂澜、三美神、和弦、风神埃洛斯、沉睡、祥云等等，这些雕塑在带给人们视觉上享受的同时，进一步诠释了铜陵铜文化的精髓。

翠湖，它迷人，它珍贵，它是铜陵人民须臾不可分开的珍宝。

63 芜湖镜湖：满堤烟柳水可鉴

芜湖镜湖档案：

镜湖，位于芜湖市市区中心。分东西两湖，大镜湖俗称“陶塘”，小镜湖为“汪家田”。水面达200余亩，由南宋著名爱国词人、状元张孝祥“捐田百亩，汇而成湖”。水清可鉴，形似圆镜，故名“镜湖”。

镜湖位于“半城山、半城水”的芜湖市中心，像一颗明亮的珍珠点缀着城市，格外耀眼。水清可鉴，所以名为“镜湖”。民间传说，很久很久以前，有一位仙女在梳妆时，一不小心，把镜子掉落在了凡间，镜湖因此而得名。

镜湖鸟瞰

镜湖依赭山，傍弋水，以“环种杨柳”而景胜一方，“名人题咏者不可胜计”。春和日丽，千株绿柳，万条柔丝，低垂摇曳，倒映水中，恰似一幅天然水墨画卷。泛舟湖上，如置身山水画中。

蒙蒙春雨中漫步烟雨墩，但见一湖烟雨，满堤烟柳，确有“鸠兹烟水地”“人在小蓬莱”之感；而置身观岚亭，凭栏眺赭山，湖光山色，“山欲飞来烟满堤”之景，“恍在武陵最幽处”之情，皆可体会。镜湖是开放式的风景区，亭台楼阁相望，曲桥长廊互通；细柳掩映下，芜湖籍历史文化名人萧云从塑像，阿英、洪熔藏书室，王步文纪念亭等点缀其间；各式现代化建筑群环湖矗立，使“镜湖细柳”这一著名历史景观又平添了都市情调与现代风光。

镜湖无风时水平似镜，清澈明亮，赭山与湖水相映，亭形塔影，湖光山色，显得更加明媚秀丽。漫步在镜湖岸边，人们可以欣赏到如诗如画的风景：丝丝杨柳正对着水中倒影轻快歌舞，翠绿色大片的草地和嬉戏在缤纷花朵中的蝴蝶，更为美丽的镜湖增添了勃勃生机。乘一叶小舟，在湖面上随意轻泛，清风徐来，吹拂在脸上，心旷神怡。偶尔路过的几只野鸭悠闲地游着，时不时低下头钻入水中，突然又从另一处冒了出来……远处赭山入眼，山景瞬时隔绝了一路之遥的闹市喧

器。入夜，霓虹闪烁，灯火绕堤，更是如梦如幻，如痴如醉，使人宛如来到仙境，烦躁的心也为之宁静。

从“陶塘公园”到“镜湖公园”，镜湖景区曾历经几次修缮。1985 年政府对镜湖进行了重点改造建设，并将其辟为镜湖风景区。如今沿湖四周绿草如茵，古树参天，四季鲜花簇拥，游人如潮。迎宾阁、高知园、观岚亭、步月桥、湖心岛、花鸟市场、步文亭、柳春园、游船码头、烟雨墩、书画院、尺木亭等景点星罗棋布，环立四周。

身临镜湖，在充满着诗情画意的景色中，人们难免徘徊不前，流连忘返。

64 合肥天鹅湖：城市港湾嬉沙滩

合肥天鹅湖档案：

合肥天鹅湖坐落在省会合肥市政务新区，是一座人工湖，始建于2003年。湖面约0.7平方千米，沿湖有各种雕塑、园林树木、人工沙滩、大型喷泉等景观，是合肥市民旅游休闲的新去处。

每年秋天，天鹅向南方迁徙时，总会途经合肥，在合肥做短暂的逗留，然后继续向南飞，寻找食物充足的地方。人们多么想让天鹅停下迁徙的脚步，看一看合肥的大发展、大变化。天鹅或许不知道，在合肥市的西南方向政务文化新区，有一个水光潋滟、景色如画的天鹅湖，等待着天鹅驻足。

天鹅湖原是千年前的双桥集古镇所在地。双桥集地势低洼，四周的河渠一部分发源于小蜀山附近小老石的红旗渠，另一部分来自大蜀山的径流，以及周边的零星小河水，汇集后注入十五里河，最终注入巢湖。

天鹅湖因湖面呈天鹅形状得名。湖的四周，绿树环抱，碧草如茵。湖水清澈，微波荡漾。湖岸曲折，旷幽有序。岸如翠玉环抱水，水如明镜映衬岸，水岸相映成趣，令人舒心、惬意。

湖东有戏水的浅滩，水底的鹅卵石整洁圆滑，踩在脚底痒痒的，舒服极了。南岸黄金海岸沙滩，来自青海湖等地的细沙吸引着无数小孩，给人海边的感觉。

天鹅湖环境优美，文化氛围浓郁。旁边还新建了体育公园、大剧院、安徽电视台、安徽出版集团、安徽省博物院等地标性建筑。

著名的合肥大剧院坐落在天鹅湖东北部。外形看上去像波浪，又像一只横卧的海螺，设有歌剧院、音乐厅、戏剧场三部分，整体技术功能达到国际一流水准。许多高雅的艺术在这里表演，优美的旋律荡漾在湖面上，无比曼妙。

天鹅湖体育公园位于天鹅湖北岸，地面为绿化景观，有林荫小道、休憩场地、活动草坪、塑胶跑道、景观走廊等。地下活动中心有下沉式游泳馆、健身馆、网球

天鹅湖

场、篮球场、健身馆及各种体育运动活动室。运动种类齐全，设施标准较高，是市民健身的好地方。

安徽广播电视台位于天鹅湖南岸，气势恢宏。其北边的市府办公大楼宛如打开的书本，激发人们在知识的海洋里遨游。

安徽博物院位于天鹅湖南岸，是安徽省唯一一家集自然、历史、社教为一体的省级综合类博物馆，建筑造型沧桑厚重，体现了“四水归堂、五方相连”的徽派建筑风格。

天鹅湖西与匡河衔接处有缘惜桥，跨水而卧。华灯初上，不少青年男女牵手从桥下而过，珍惜缘分。桥南的一块湖面长满了芦苇，凸显了天鹅湖的野趣与情致。

天鹅湖正被灿烂缤纷的城市魅力所包围而显活力，成为这座城市的温暖港湾。在天鹅湖边，白天可观水光潋滟、波光粼粼，夜晚能赏万家灯火、流光溢彩，天鹅湖的夜就像合肥市明亮的眸子，在夜空中熠熠生辉，美丽极了。

65 合肥包河：水映包公清廉名

合肥包河档案：

包河是合肥古护城河的一段，依城而建的包河公园是合肥环城公园的一部分，内有包公园，是为纪念北宋著名清官包拯而修建的园林，水域面积 0.15 平方千米，主要景点有包公祠、包公墓、清风阁、浮庄等。

如果说有哪个景点处处体现清正廉洁，那一定是合肥城区包河上的包公园了。

合肥有一条护城河，像一条绿色项链环绕着合肥老城区。护城河的芜湖路那一段叫包河，据说包拯曾在河中心香花墩上读过书，包公园就坐落在包河之上。

包公园的各景点都是沿着包河边分布的。夏天，包河里的莲叶田田、粉荷点点。包公一生刚正不阿、铁面无私，据说连包河的藕都是无丝的。

包公园内有包公祠、包公墓、清风阁、浮庄。整个风景区庄严肃穆，环境优美；包河两岸垂柳婆娑，佳木葱茏。

包公祠建在包河一个狭长小岛上。绿树成荫，繁花似锦。一座白墙青瓦的古建筑就是包公祠。祠堂内正殿端坐着包公塑像，他额悬明月，铁面无私，王朝、马汉、张龙、赵虎侍立两旁，并置有龙头、虎头、狗头三铡。

包公祠东侧有一座六角亭，亭内有一口井，传说是包公读书时饮水用的。据说后来，若是清官饮此井水，则甘甜无比；若是贪官饮此井水，就苦涩难咽，甚至肚子疼。所以这口井被人们冠以美名“廉泉”。今天的六角亭上方仍然高悬着“廉泉”匾额。

在包河东南一片葱郁的松柏丛中，是包公及其夫人、子孙的墓园。包公墓园的副墓区有一块石碑，上面刻着“后世子孙仕宦，有犯赃滥者，不得放归本家，亡殁之后，不得葬于大茔之中。不从吾志，非吾子孙”。可见包公律己之严，家法之严。

拜谒过包公祠和包公墓，可去浮庄。浮庄位于包河东面的一个小岛上，原为包公书院，看上去像一片绿洲漂浮在水上，故名浮庄。它以一片绿水潆洄、莲荷盈盈的景象居于包河公园的湖水中央。浮庄的建筑博采苏、扬、徽派园林艺术精华，通过水上的景桥与岸边联系，营造出“水上蓬莱”的园林空间。尤其是雨中的浮庄，更给人一种诗意朦胧的美。游人曾以“桃花浮庄溶溶月，柳絮包河淡淡风”来赞美浮庄胜境。今日的浮庄，能在喧嚣闹市之中，辟一方幽静，在城市建设背景下固守一块自然，可算得上城市中一处别样的心灵空间。

湖畔有清风阁。阁高 42 米，仿宋式建筑，它坐西朝东，与包公墓相呼应。登阁远眺，风光尽收眼底。

包河是纯净的，这纯净来自于包公的清正廉洁、铁面无私；包河是秀美的，这秀美来自于岸边的垂柳，湖上的小桥，湖中的莲荷。今天的包河正以它的自然秀色与肃穆美名，迎接四方宾朋、八方来客。

66 马鞍山雨山湖：柳岸花堤映钢城

马鞍山雨山湖档案：

雨山湖位于马鞍山市区中心，水域面积 1987 亩。湖东有佳山，西有雨山，两山相对，湖光山色，浑然一体。湖周围垂柳倒映，高楼成群，为市中心风景区。

雨山湖，过去叫洼儿塘，又称娃娃塘，位于马鞍山市区中心雨花广场畔。以其名而建的雨山湖公园是市民的休闲之处，它的南门，便是雨山湖三个红、黄、蓝色的大字，鲜艳夺目。

进入公园，人行道两旁茂密的大树使人恍若走进了一个绿色的、幽静的世外桃源。清澈的湖水轻轻地拍打着堤岸。湖周围有 9 座山峰远近错落，环湖而立，有“九峰环一湖”之美称。

雨山湖是娟秀妩媚的，这里有北湖、南湖及雨山湖公园等景区。北湖园内花繁树茂，曲径通幽。湖岸绮楼朱阁，曲桥卧波，假山嵯峨。鱼港、莲池、竹林、长廊、木榭等错落其间，疏密有致。其中“芬芳苑”是一片花的世界，苑内花团锦

簇，争芳斗艳，清香扑鼻。濒水而建的“三影楼”，是游人品茗休憩之处。登楼远眺，但见碧波荡漾，游船点点，青山、绿树、红楼倒映湖中，游人犹如置身画中。

南湖则以幽、雅、静为特色。双虹桥、勿染亭、不厌亭、淡悠亭等园林小品建筑或点缀于绿水碧波之滨，或错落于奇花异草之中，风姿别具。

雨山湖生态优美。许多精灵一样的小鸟不时在枝头雀跃。鸟的多少也是检验生态环境的一个标志。北红尾鸲是一种冬候鸟，春末初夏的季节，它们该飞往北方度夏。可是，雨山湖的北红尾鸲却迟迟不愿离开，它们迷恋上了雨山湖。

雨山湖中有一个小岛，成了鸬鹚生活的乐园，无数野生鸬鹚聚集在这个小岛上。每天下午，鸬鹚群便开始返巢，它们在空中盘旋，遮天盖地，到一定高度时开始向地面俯冲，落在岛上，景象非常壮观。一座现代化的城市中心，有一片湖面，湖上的小岛落满了鸬鹚，这是一幅多么美妙的画面啊！

今日的雨山湖，环湖皆路，环湖皆树，环湖皆楼，其中湖北路和红旗桥的临湖一带，是游人观赏湖光山色的园外之园。湖南路则是柳岸花堤，天水一色。旁边的雨山湖古玩市场，为这美丽的公园添加了一抹古韵。

雨山湖，让钢城马鞍山有了柔性，有了雅韵。

67 淮南龙湖：百里煤城漾碧波

淮南龙湖档案：

龙湖位于淮南市田家庵区，水面开阔。以龙湖为中心的公园分布着二溪、五岛、十桥，景观精巧别致，彰显了沿淮文化特色。

淮南历史悠久。西汉时刘邦封英布为淮南王，首置淮南国。后刘安在八公山招贤纳士，著书立说，编纂了《淮南子》，发明了华夏美食豆腐。

淮南，是中国新型能源基地，素有“五彩淮南”之称，是黑色煤炭的富集地、红色火电的输出地、白色豆腐的发源地、蓝色生命的起源地、绿色生态的宜居地。

龙湖公园，为淮南的绿色生态立了大功。

在田家庵的旧迹中，有一条龙王沟，龙王沟发源于舜耕山，舜耕山是上古贤君舜帝南巡至淮水南岸时，见百姓疾苦，遂教人稼穑，躬耕于此，留下舜耕山之名。龙王沟原有三条支流，汇流至姚湾，向北流入淮河，依此建设的龙湖公园就横跨龙王沟东西两侧，故名龙湖公园。

龙湖公园北依淮河，南眺舜耕山，东邻田家庵市区，西接姚家湾，是安徽省内较大的综合性公园之一。它是一处集古典园林与现代休闲娱乐为一体的城市公园，景点有号称“龙湖三绝”的龙雕、龙船、迎宾山，还有清逸园、诗仙岛、濠濮间等。从南门走近龙湖公园，首先映入眼帘的是那古色古香的大门。进入公园后，原先承载了无数淮南人记忆的两根金色的大龙柱已被八条龙围坐的喷水池取代，龙的嘴里不时喷出壮观的水柱。湖面上有音乐喷泉，当音乐响起，喷泉立刻随着音乐变换，时而似天女散花，时而高耸入云，气势磅礴。

龙湖公园

龙湖公园的南北两湖湖面开阔，南湖上的四个岛隔水相望，泛舟湖上，真是悠闲自得。沿着鹅卵石铺成的小路向湖边走去，跨上九曲桥，倚栏遥望湖面，湖面波光粼粼，偶尔还有小鱼跃出水面，调皮地向游人打招呼；偶尔几条小船从远方缓缓地驶来，船上的人们欢歌笑语。在龙湖公园，游客可以湖上泛舟，可以曦榭放歌，可以凭栏望桥，可以珠亭赏月，还可以落霞观鱼，尽享龙湖公园之美好。

美食与旅游密不可分。公园旁边是小吃一条街，牛肉汤、杂烩汤、油茶、豆腐脑、绿豆圆子、凉粉皮等当地传统小吃应有尽有，尤其是淮南牛肉汤风靡全国。

对于淮南人来说，龙湖公园是精神的家园，有着鲜活的记忆与无限眷恋。

68 蚌埠龙子湖：一水映三山

蚌埠龙子湖档案：

龙子湖风景区位于蚌埠市龙子湖区境内，为国家AAAA级旅游景区、国家级生态示范区和省级风景名胜区，有“中原西湖”之称。主要由龙湖、曹山、雪华山、西芦山及锥子山组成，大体呈三山夹一湖的独特地貌。

龙子湖是蚌埠市东部的天然水域。明代天启年间的《凤阳新书》记载，它原来是一片洼地，淮水倒灌，直至徐家桥，一片汪洋，由此形成湖面。但是，其水源同时也来自凤凰山、马益山、梅花山、东鲁山、西鲁山之间的许多涧湾，最早就被称为“九龙水汇注而成”的“龙子河”，下游每逢丰水季节，成为湖面，故称“龙子湖”。

龙湖归舟

龙子湖航拍图

龙子湖的得名还有传说。有人说，过去这里曾经干旱，双龙行雨布施恩泽，湖边农民们为纪念，故称龙子湖。

龙子湖三面环山，山水相依。湖东岸有曹山、锥子山，绵延起伏如龙，又称“双龙山”；南有大小九条沟渠，是龙湖发源地；西侧有雪华山、梅花山，山体植被茂盛，青山绿水，闻名遐迩。

龙子湖景区内青山碧水相连，湖岸曲折多变，水面纵深开阔，绝壁怪岩裸露。集风景怡人的自然风光、韵味无穷的人文景观为一体，有城市交通干道环绕，有现代化的城市为依托。景区内有省、市级文物保护单位以及古银杏（唐代）、石屋（唐代）、栖岩寺遗址（明代）、玲珑塔遗址（东汉）等古迹。风景区内的烈士陵园、汤和墓已成为爱国主义教育基地，其他景观如淮河风情园、水上乐园等也是多姿多彩、各有特色。

龙子湖公园依托龙子湖西岸而建，是蚌埠市最大的滨水公园。它以曹山、雪华山、西芦山“三山夹一湖”的美景，描绘了青山绿水的画卷。这里遍植香樟、银杏、广玉兰、桂花、樱花等上百个树种，是人们休闲度假的绿色港湾、旅游观光的胜地。

龙子湖大桥建成通车后，大桥将公园分为南北两园：南园是亲水园，由“湖山在望”“露天剧场”“临湖广场”“竹园”四个独立景区构成。桥南“湖山在望”景点，放眼望去，豁然开朗，令人心旷神怡。南园正中是全开放式的“露天剧场”，周围耸立着几片银白色风帆造型，好像一艘艘正在乘风破浪的航船，又似一个个巨大的贝壳。剧场中央音乐喷泉的开放，更增添了公园的生气和灵动。

“九龙桥”是连通南北两个景区的水上栈道。栈桥曲径通幽，蜿蜒流畅，一步一景，是公园的巧思之处。南北两园，游客漫步水上栈桥，在龙湖大桥下就可“暗度陈仓”。

北园是门户区、活力区、探索区和庆典区。园内有驳湾、绿岛、游艇码头、南北气候分界线青铜雕塑、瞭望广场、四季风韵、庆典草坪、庆典厅、艺术廊、花好月圆等，使得公园的广场和景观设施融为一体。

清晨曹山日出，朝霞洒满龙湖水面；晚间华灯初放，水中光影斑斓，与明月交相辉映。游人或漫步水上栈桥，或流连在林间小道，从繁华喧闹的都市回归自然。

淮河风情园位于北园的雪华山下。以淮河文化为主题的风情园，以古代图腾柱的形式，将日、月、星辰、龙、凤、山、川有机地构成一个气度恢弘、高低错落、变化有致、富有韵律的大型雕塑群。园内钟灵毓秀，内有天然水池，池水清澈。水中小渚一座，建有大禹雕像，神态庄肃，衣带风尘。四周碧水，分布九座古鼎雕塑，寓意禹铸九鼎，象征华夏一统。

随着蚌埠城市的快速发展，龙子湖已逐渐由“城郊湖”变为“城中湖”。春天在湖畔徜徉，可以欣赏绿杨翠柳；夏日湖中泛舟，可以赚一身清凉；秋季林中漫步，可以浏览湖光山色；冬季临湖观赏雪景，别有一番诗情画意。

69 颍州西湖：未觉杭颍谁雌雄

颍州西湖档案：

颍州西湖在阜阳城西 15 千米处，周长 11.5 千米，湖面约 5.74 平方千米，主要景点有碑林公园、百龙亭、紫竹院等，是安徽省级风景名胜区、国家湿地公园。

地处皖西北的阜阳市，北邻齐鲁，西连豫鄂，襟带长淮，控扼陈蔡，是千里淮北平原上的一座古城，颍州西湖就是这座古城中最为亮丽的一处风景。

历史上，颍州西湖是古代颍河、清河、小汝河、白龙沟四水汇流处，其水域曾经是“广袤相济，水深莫测”。唐宋时期，颍州西湖便是著名的风景湖泊。至北宋则与杭州西湖齐名，并称“杭颍”，有我国四大名西湖（杭州、颍州、惠州、扬州四大西湖）之说。

千百年来，颍州西湖在文人墨客的诗文里流淌。文坛巨子晏殊、欧阳修、吕公著、苏轼、赵德麟等先后任颍州知府，都与颍州西湖结下了不解之缘。他们钟爱这里，留下了一首首赞美颍州西湖的诗篇。苏轼留有“西湖虽小亦西子，萦流作态清而丰”，“大千起灭一尘里，未觉杭颍谁雌雄”的诗句。王安石有《颍州西湖》：“书院四周水上莲，平湖万顷叶田田。无穷红点无穷碧，正是游人探望天。”欧阳修对颍州西湖更是情有独钟，一生 8 次来到颍州西湖，留下许多佳话和逸闻，他在 10 首《采桑子》诗词中，连用 10 个“好”字来赞美颍州西湖。在欧阳修的眼里，“颍州西湖，天下胜绝”，他要“筑室买田清颍尾”，“独结茅庐颍水西”，最终，欧阳修实现了他的愿望，终老在颍州西湖湖心州。可见，古时的颍州西湖多么迷人。

然而，古时候颍州又是黄河水患严重的地方。明清以来，黄河十九次夺淮入海，许多景点都被洪水破坏了。

新的颍州西湖已经形成了展现古颍州西湖历史人文景观的风貌。二十多处景点让颍州西湖成为既有古代人文景观，又有现代气息的风景名胜，无论你是文人雅士，还是科技精英，是白发皓首，还是黄口小儿，在这里都能找到兴趣点。

首先值得一提的是这里的百花园，花儿争相开放，尤以牡丹为盛，牡丹开得热烈，因为热烈，所以酣畅，因为酣畅，所以精彩。第二便是西湖堤岸，一望无际的颍州西湖，一望无际的清澈，水面朵朵莲叶，却不争奇斗艳。一阵风轻轻地从湖面上欢快地跑过，湖面上便起了点点微波，给人舒畅、快乐的美妙感受。最难得的是湖畔林中弯曲幽静的小径，两旁绿树环绕，花香四溢，蜂飞蝶绕，鸟语蝉鸣。

北宋时期，苏轼出任颍州太守，对西湖进行清淤，堆成护堤，被称为“苏堤”。

这里还有聚星堂，是当年欧阳修与吕公著、刘原父等吟诗作对的地方。

左曲三桥为飞盖桥、望佳桥、宜远桥。其中飞盖桥最初建于宋元祐六年（1091），可谓历史悠久。

从高空俯瞰颍州西湖，绿树环绕，碧水荡漾，宛如翡翠，具有“平湖十顷碧琉璃”的韵味。这里的湖、岸、路、林、湿地、花都带着诗意，湖花一体，花湖相应，徜徉其中，意趣盎然。

70 淮北南湖：相城“掌上明珠”

淮北南湖档案：

南湖，即南湖水上公园，位于淮北市烈山区，是十大国家城市湿地公园之一，也是全国首个在煤矿开采形成的塌陷区上建设而成的湿地公园，湿地面积 2.1 平方千米。南湖被称为淮北的“掌上明珠”。

淮北是著名的煤城。因采煤形成了一片塌陷区，方圆 5.2 平方千米，因位于城市的南面，称为南湖。经过多年的治理，南湖形成了融自然生态、休闲、旅游观光为一体的国家级城市湿地公园。

从淮北市相山之巅向城市的东南方眺望，南湖公园如同巨大的翡翠镶嵌于烈山怀抱。这里，田田荷叶苍翠欲滴，朵朵莲花露玉冠鲜，簇簇芦苇随风舞动，群群水鸟振翅高飞。它赋予城市的已不仅仅是灵性和秀美，也赋予了淮北这座城市

南湖三亭

以生命与活力。

这里风景如画。碧波荡漾，垂柳依依。偌大的水面给人江南之感，分布在各处的建筑恢宏大气，具有民族风格，又不同于江南园林建筑的婉约。环湖路两侧设有长堤映山、芦荻秋生、缘溪泊芦、芙蕖听涛、杨林闻风、雪松草坪、柳堤寻芳、湖韵忆淮等景点，成为与湖水相连的自然和人文景观。穿过迂回的水景长廊，驻足各建筑物之间，让人感叹设计的精妙。

园内野生湿地植物资源丰富，核心区已种植各类乔木，每年都有大量候鸟，如大雁、白鹤在湿地公园迁徙栖息。在南湖，可以冬赏梅、夏观荷、秋看菊。景区内牡丹园是目前皖北地区最大的牡丹种植区，共占地300余亩，牡丹品种繁多，花色奇绝，芳香浓郁。每年在这里举办的牡丹文化节，为市民带来丰富的精神食粮。

如果再向市区东面走，就会来到东湖湿地公园。这里也是一座城市“东扩”的见证。东湖湿地地势开阔，一望无际。盛夏时节，湿地公园水光潋滟，草木葱郁，连片的芦苇丛、荷塘和野鸟群，已成为摄影爱好者的最爱。

南湖畔有淮北矿山公园博物馆，建筑面积3600多平方米，分为上、中、下三层，包括煤的生成馆、煤炭与人类馆、煤炭开发技术馆等，将历史文化与现代文明融为一体，成为淮北新的旅游亮点。

南湖、东湖两座湿地公园，本是采煤塌陷区，如今，却成了淮北人的“掌上明珠”，也成了工业城市建设的探索样板。

飞瀑流韵

碧潭幽美，飞瀑流韵，邂逅别样的景致；幽秘之处，静听泉声，感悟曼妙的人生。

山林村落之畔，崇山峻岭之间，总少不了幽谷深潭、飞流跌宕，突如其来，惊若天人。就像我们听惯的汪伦歌声，在桃花潭边留下千古深情；又宛若翡翠谷里琴声悠悠，传递着一声声相许终生的誓言。

九天银瀑挂前川，白鹭洲上白鹭飞。或许不经意间，领略到的就是我自陶然的人生。

71 桃花潭：一潭碧波半潭诗

桃花潭档案：

桃花潭，位于泾县以西34千米处，南临黄山、西接九华山，与太平湖紧紧相连。潭面水光潋滟，碧波涵空。潭岸怪石耸立，古树青藤纷披。春季绿草如茵，桃花似火如霞，飞阁危楼隐约其中，犹如蓬莱仙境。

桃花潭从古诗而来，从课本而来。

相传唐代天宝年间，泾县有个叫汪伦的非常仰慕李白的才情。他听说李白正旅居南陵叔父李阳冰家，修书一封。他在信中写道：“先生好游乎？此地有十里桃花；先生好饮乎？此地有万家酒店。”

李白欣然而来，却没有发现十里桃花和万家酒店。汪伦告诉他，这里有桃花渡，还有姓万的开的酒店。

李白被汪伦的盛情和幽默深深感动。居住数日后，李白离去。临行前，汪伦带领众乡亲踏歌相送至渡口。李白挥笔写下了千古绝唱《赠汪伦》：“李白乘舟将欲行，忽闻岸上踏歌声。桃花潭水深千尺，不及汪伦送我情。”

进入桃花潭景区首先看到的是文昌阁，清乾隆年间翟氏所建。穿过一段田园之路，一个古色古香的原生态古镇出现在面前。沧桑岁月留下斑斑痕迹的房子，墙壁，门廊，鹅卵石铺成的甬路，生活其中的淳朴乡民，那种宁静、悠闲、厚重的气息扑面而来。

穿街过巷，桃花潭呈现眼前。这本是青弋江的一段，江水在这里冲刷出一个江湾，水面宽阔，清流平缓，仿佛一个湖。又因古时岸边有几株桃树，所以命名桃花潭。潭水澄碧，水面平滑如镜，西岸的石壁和画亭倒映水面。东岸平缓，水草芦苇，细沙成滩，高大的黑色花岗岩上刻着三个遒劲而飘逸的大字“桃花潭”。

游客一般都是通过“潭梦轩”再到江边。潭梦轩上有一扇方窗，两侧各有一个圆孔，像是投向潭水的两只眼睛。透过圆孔看向碧水，真是有梦幻的感觉。潭水清澈，大群白鹭在江中飞舞、栖息，江边还有洗衣服的妇女，这景象令人倍感淳朴、自然。

隐藏在浮云后若隐若现的青山、澄澈静谧的潭水、灰砖白墙的经典徽式建筑交错相间，林木繁盛，鸟鸣不绝。一叶扁舟，穿着蓑衣的渔人立于舟上，双手往上一抛，手中的渔网呈散射状缓缓展开，勾勒出了一个美丽的线条……多少人向往这样的景观和生活，静谧、恬淡，李白、汪伦的千年友情，留在此处。

桃花潭所在桃花潭镇，古称南阳镇，分万村和翟村。镇内有保存最完整的皖南古民居群，明清建筑众多。

溯桃花潭水而上，就是太平湖，与黄山一衣带水，可乘游艇直达黄山脚下。湖面碧波万顷，翠峦千重，另是一番景色。

桃花潭的一早一晚，是摄影师最喜欢的时光。5点天还不亮，周围沉寂无声，轻手轻脚摸黑赶往江边。渐渐晨雾弥漫，烟波浩渺，一艘捕鱼的小船摇曳在江面，远处徽派建筑和飞檐仙阁朦朦胧胧、若隐若现，被蜿蜒的大山环绕，这一切好似陶渊明笔下的世外桃源。而傍晚时分，晚霞布满天空，映照在青弋江上，透着一片金光，景色叫人心旷神怡。眼前的美妙，出神入化，而脑海里随之浮现出一幕幕

一叶小舟画中来

感人的美好传说。李白的诗，汪伦的情，渔翁的身影，为这个古朴清雅的地方增添了些许诗情画意。

桃花潭四周也点缀着许多自然人文景观，屹立千年的垒玉墩、深藏奥妙的书板石、李白醉卧的彩虹岗、踏歌声声的古岸阁、青砖黑瓦的古民居……桃花潭烟波使人陶醉，移步皆成景，四时景宜人。

72 夏霖九天银瀑：皖东南神奇瀑布群

夏霖九天银瀑档案：

夏霖九天银瀑景区地处皖浙边界、天目山北麓，位于宁国市东南部群山之中，距市区 29 千米。风景优美、生态宜人、交通便利、环境良好。

夏霖九天银瀑西连黄山奇景、南接天目秀色，景区规划面积 43 平方千米，属山地型景区，集峡谷深涧、奇岩飞瀑、竹山林海于一体。境内奇峰幽洞无数、孤壁绝崖万千；沟壑峡谷险峻、飞瀑流泉密布；野藤古树参天、竹海松涛共鸣。

景区属亚热带季风湿润气候，终年气候温和，四季分明，雨量充沛。冬无严寒、夏无酷暑、四季宜人，全年皆可开展观光、度假等旅游活动。这里不仅有秀丽的自然景色，而且民风质朴，环境良好。外石桥平山坞等小山村处于群山环抱

夏霖九天银瀑

之中，绿树掩映、粉墙黛瓦、清溪绕宅、山径通幽，呈现一派皖南田园风光，洋溢着浓郁的徽文化韵味。这里的自然山水与人造景观互为融合、交相辉映，架设在青山绿水间的迎宾桥以点睛之笔将游人引入人间仙境。

景区景点众多，令人目不暇接。其主要线路有两条：一是明珠左侧的情人谷直通石门景点。二是右侧卧龙谷线路通达观音瀑。其中大龙潭、观音瀑、石门、龙须瀑、乌龙瀑五大亮点景观展示出夏霖山水的无限魅力，令游人流连忘返。另有九泉十八瀑的亮丽景色为夏霖风景区锦上添花，美不胜收。其间无数奇石、幽潭星罗棋布，山花、野藤交相辉映，清泉、飞瀑互为融合，竹海、松涛碧波荡漾。

夏霖以飞瀑、神潭、深涧、怪石、险峡独具特色的景观，被誉为“五绝天下景”，又以各具千秋的大小瀑布，被誉为“东南第一瀑布群”。尤其是夏天，外面炎热酷暑，穿行峡谷则是清凉无比，有时峰回路转之际瀑布飞溅，有时轰轰声响却不见瀑布，给人神秘莫测之感。

景区主要有龙潭瀑布、一线天、龙头坎石壁等几个景点。其中龙潭瀑布落差10 余米，如白练悬壁，溅起白莲朵朵，潭面有天然石联成三维桥。潭水幽深，石

夏霖九天银瀑

桥奇特。一线天景点则是两石山并立，狭缝仅4米，浅溪穿峡流过，风和日暖时，数百彩蝶翩翩起舞。龙头坎石壁高耸入云，谷底深潭波光粼粼。此外还有三级瀑布和连环石鸡凼，如观音洒水，终年不枯。

夏霖九天银瀑是一个山水天然的好地方，游客来到这里，既能享受独特的水韵情致，也可品尝舌尖上的美味。

73 九龙瀑：九龙九潭　一瀑九折

九龙瀑档案：

九龙瀑位于黄山市汤口镇，瀑布全长600米，落差300多米，一瀑九折，一折一潭，形成九瀑九潭的壮丽奇观。景区内物种丰富，人文资源荟萃。

“飞泉不让匡庐瀑，峭壁撑天挂九龙。”这是古代诗人对居黄山飞瀑之冠九龙瀑称赞的诗句。

九龙瀑水出自天都、玉屏、炼丹、仙掌等山峰，出丞相源后在香炉、罗汉两峰间的悬崖上飞泻而下，抛珠溅玉，激流滚滚，一折一瀑，一瀑一潭，转折九次，形成九段飞瀑，九处深潭。飞瀑宛如九条白龙凌空而降，所以叫“九龙瀑”。

九龙瀑有“三奇”：一奇，瀑长600米，落差300多米，一瀑九折，一折一瀑，一顿一潭，盘旋飞挂撑天峭壁之上，宛如九条白龙穿云破雾，凌空而降，气势雄伟。大雨之后，山洪暴发，激流翻腾，吼声震天，溅珠飞雨，高达数十米，瀑潭不分，幻似一条接天及地的巨龙，飞舞在青峰翠峦之间。阳光照耀时，更是彩虹飞舞，壮美之态，世间罕见。若久旱不雨，九龙瀑仍流水不竭，潭瀑分明，潭面水色五彩缤纷，幻化万千。二奇，地质结构奇特，冰川遗迹神秘。瀑边潭中更有众多大小冰臼，组成冰臼群奇观。三奇，黄山之松、石、峰、云、水诸奇都在九龙瀑周边别具风采。站在瀑边，可望天都、香炉、罗汉诸峰，飘浮云烟之上；瀑洲原始森林茂密，瀑边崖上奇松遍布，山花烂漫，飞禽鸣趣，构成了九龙瀑的整体美。

观赏九龙瀑的最佳地点是九龙亭旧址，最好时间是大雨之后。每当此时，瀑水飞溢，倾泻下折，折而复聚，聚而又折，悬挂于千仞青壁之上，气势极为雄伟壮观。若久晴不雨，九龙瀑又似游丝练带，细流不竭。

九龙瀑峡谷中有龙禅院和梅林书屋遗址。龙禅院相传是黄帝派云阳先生在此养龙所筑的一所石屋，乾隆皇帝微服游山后在这里坐禅祭天，后人为了纪念便建起寺院。梅林书屋遗址据考证是清代歙人父子曹振镛、曹文植在此苦读而建的，后来他们成为父子宰相。

“直看九派飞流下，消人苍茫破作烟。”九龙瀑，大自然赠予人间的神奇。

九龙瀑秋景

74 九华天池：胜地佛山顶平湖

九华天池档案：

九华天池旅游景区位于池州市马衙境内，距九华山 25 千米。景区总面积达 20 平方千米，自然生态原始，景观奇特，既有峡谷、溪流、飞瀑、高山平湖等自然景观，也有红色山村、电站、茶园等人文景观。

台湾有一座阿里山，高山平潭，蜚声中外；而在皖南大地上也有这样一处佳地，它既有自然造化之奇观，又有人文演绎之点缀。它是位于景色如画的池州市贵池区境内的九华天池。

九华天池景区与九华山天韵相承。景区由“两池一谷”构成，“两池”是指天池与龙池，“一谷”是指冰川石谷，它们连同峡谷溪流、飞瀑怪石、幽林迷窟一起，构成了九华天池独具特色的江南奇观。通往山上的路径浓荫蔽日，耳闻蝉音鸟语，目视潺潺溪流，一种如沐春风之感油然而生，顿觉天宽地阔、心旷神怡。

走进景区，仿佛置身于大自然的怀抱，幽静蜿蜒的小路，古朴典雅的桥廊，青

九华天池

山绿水间，顿时感到轻松和惬意。

进入冰川石谷，宛如来到石海迷宫。石谷间堆叠着大量的冰川飘砾，地下河暗流涌动，别有洞天，洞洞相连，随处可见潺潺流动、清澈见底的泉水；石谷中树石相抱、古藤缠绕，形成了巨型的天然盆景。幽深的树林，清新的空气，静态的巨石，动态的急流瀑布飞流而下，形成了“天河挂绿水”的奇观。冰河迷窟由寒冰洞、清凉洞、蝙蝠洞组成，洞长 1000 多米，是第四纪冰川飘砾的遗迹，由巨大的石块堆积而成。

古人说：“知者乐水，仁者乐山。”水是生命的源泉，没有水就没有生物。九华天池最美的就是水。山顶上水域面积有 50 多万平方米，号称天池，游客乘坐游船徜徉在青山绿水间，眼前是碧水万顷、重重青山，仿佛来到了人间仙境，可谓江南一绝。

天池是如何形成的呢？原来，古时候天池是一个小型的天然湖泊，上游为天河，风景十分秀丽。后来，为了农业灌溉，人们将原天池筑坝成湖。天池和龙池之间有一条长约 2000 米的石谷，石谷间生态植被保存完好，岩石上有奇树、古藤、苔藓；石谷两边林木葱茏，百鸟争鸣；幽深的树林，清新的空气，静态的巨石，动态的瀑布飞流而下，是旅游、度假、休闲、观光的理想境地。

这里娱乐设施也很有趣。可以选择高空溜索：一溜烟工夫，犹如天外来客，从这山飞到那山，放飞心情，惊险刺激。如果觉得还不过瘾的话，天池极地风暴、真人 CS 基地，会让游客再次体验惊险的感觉。专业的拓展培训，野外烧烤，激情迸放，体验警匪大战，智慧与勇气的较量，速度与耐力的比拼，在这里得以充分展现。

天池漂流是许多游客的最爱。它是一个人工砌成的 S 型水槽，坡陡水急，几级落差。坐在皮筏艇上，借助水的冲力，顺流而下，冲浪速度更快更刺激，一身的旅途泥尘和汗水，此刻间被冲洗得一干二净。

游览九华天池风景区，可以下榻在天池人家。依山而建，临水而居，是典型的园林式四合院建筑。露天帐篷也是不错的选择，可以体验野趣横生的感觉。

九华天池，风景画廊，千年秀色。

75 彩虹瀑：彩虹挂前川

彩虹瀑档案：

大别山彩虹瀑布风景区位于岳西县黄尾镇境内，距岳西县城和霍山县城均为34千米，离济广高速六潜段黄尾出口1.5千米。风景区方圆40平方千米，核心景区面积3.2平方千米。

黄尾镇地处岳西县北部边陲，属全国重点镇、省级森林公园、安徽首批省级旅游小镇，这里森林覆盖率超过90%。境内山高岭大、河谷幽深。大别山彩虹瀑布就深藏于此。

相传，牛郎在对面的牛草山上放牛时，在猴河峡谷里巧遇织女并成就了一段令人嗟叹的神话传说。他们一年一度相会的彩虹也成为人们心中无限美好的向

彩虹瀑布玻璃眺台

彩虹瀑布

往，猴河上大别山彩虹瀑布因此而名。

大别山彩虹瀑布景区有梦幻彩虹瀑布和原生态猴河峡谷，还有历经猴河与黄尾河交汇后洪水冲刷而形成的许多河心洲、小岛，从而组成了数千米的山水画廊。彩虹瀑布风景区可谓集峡谷、瀑布、丽水、文化为一体的山水景区。

大别山森林海拔差异大，植被变化明显，高度从 400 多米至 1700 多米，形成了丰富多彩的森林景观，也涵养了丰富水源，这才有瀑布飞流的景象。

“不经历风雨，也能见彩虹”，作为岳西县第一家 AAAA 级景区，彩虹瀑布一经亮相就以“彩虹”吸引了广大游客的目光。瀑布位于猴河中下游，瀑布高 80 米，宽 25 米，水流自猴子崖飞泻而下，气势磅礴，吼声如雷。河水撞击岩石，水花四溅，犹如喷雾行云，阳光透过水雾呈现出一道道绚丽的彩虹，游人身临其境，人行虹移，似有梦幻感觉。

猴河来水量大，四季不涸，无论春夏秋冬，凡有太阳都有彩虹奇观。站在不同方位观景台上，看到清澈的河水撞击坚石，水花四溅，犹如喷雾行云。阳光透过水雾的折射呈现出绚丽的彩虹，让人常有一种美轮美奂的感觉。

彩虹瀑布茶园位于彩虹瀑布左侧，茶园茶叶属于生长在大别山区的优质云雾茶，该茶外形芽叶相连，舒展成朵，色泽翠绿，形似兰花，香气清高持久，汤色浅绿明亮，滋味醇浓鲜爽，叶底嫩绿明亮。

每年夏季，彩虹瀑布还推出皮划艇漂流项目。漂流始于瀑布脚下300米处，止于景区游客服务中心码头。河段两岸怪石嶙峋，古木参天，山花烂漫，百鸟脆鸣。这里水质超过国家一类标准，河床坡度总体平缓，水面相对开阔，加之有上游水库调节，径流深度可控，安全性高，适合皮划艇漂流。在掠过峡谷风情的同时，体验橡皮艇激流勇进、一波三折、惊心动魄之快感，让人豪气顿生。

大别山彩虹瀑布玻璃眺台更是增加了观赏乐趣。眺台依山势而建，悬空向前延伸近280平方米，铺设全透明玻璃。游客登上眺台，可无障碍观览瀑布崖边半壁凌空的胜景，感受山间瀑布奔涌的豪迈，欣赏水雾中如梦似幻的绚丽彩虹。

76 水墨汀溪：北纬 30° 的水墨画

水墨汀溪档案：

水墨汀溪风景区地处泾县东南的汀溪乡境内，距宣城市中心 60 千米，距泾县县城 35 千米，离泾县月亮湾景区上游 20 千米处，风景宜人，水质清冽。

皖南有一段盘山公路被称为皖南川藏线，又称“江南天路”，它东起宁国市青龙乡，西至泾县的蔡村镇，其最神秘精华路段全长 120 千米。这条线路穿越港口湾水库和皖东南部最大的原始森林板桥自然保护区，连接了月亮湾、查济。水墨汀溪景区也位于这条线路上。

汀溪是条河。河水由三条小溪汇集而成：造水溪、茂林溪和西源溪。造水溪源于铁峰山，茂林溪源于云顶山，而西源溪则发源于山顶洋，三溪注入汀溪，也

徜徉在山水之间

欢乐泼水节

就造就了水墨汀溪的美。走近山谷，听溪水潺潺，看奇石密布，宛若一幅天然的水墨山水画。

早先的居民沿着河水扎下根，建成村庄，逐渐形成今天的汀溪镇。这儿有山有水，是蓝天白云下的青山绿水。山上遍植茶林。山中多阴雨，时而飘来一片云，落下几滴来，未及淋湿地面，先将云雾召唤，颇有“荡胸生层云”之感。“云拂山腰过，风吹雨点来”，山间蜿蜒曲折的盘山路，如一条白带缠绕，看不见头尾，延至云深处。

汀溪境内群山逶迤、层峦叠嶂、溪漳纵横、碧水潺潺，自然条件得天独厚，生态环境雅致清新，以山川清俊、雅淡、凉秀而传誉。这里林种丰富，大片常绿阔叶林、针叶林与各种灌木、藤木、草木共生。这里更是野生动物生长繁衍的理想之地，无论春夏秋冬，时时可闻啁啾之声，处处可见动物嬉戏山间。

北纬30° 这条线是地球远古自然奇观和人类史前文明遗迹最为集中地带。水墨汀溪精确值为北纬30.68° ，其阳光、空气、水和磁的能量数值，近似世界五大“长寿村”即中国广西巴马、新疆和田、巴基斯坦罕萨、厄瓜多尔比尔卡班巴、外高加索地区格鲁吉亚。

静观悟、动感体、幽谷道、天颐路，这是体验汀溪的四条游线。顺着溪流相伴的小径缓行，子午廊、幽谷道、两不厌、南山幽谷，都会让人获得心情的愉悦。天气晴朗，阳光明媚，空气清新如洗。山间溪水淙淙，琴鱼嬉水，有不知名的鸟儿迎风轻飞、浅唱低吟。道旁古树参天，深秋季节，依然满山浓绿，偶有一簇红或黄点缀其间。一株株翠竹如剑，耸立在陡峭的山坡崖壁上。岩石上、草木间常有蝴蝶、蚱蜢歇息，是集青山绿水、林海茶园、怪石深潭、悬崖峭壁、翠竹古树于一体的景区，有“小黄山”之誉。

感受静态有两不厌景区，生态、野趣、低碳。动感体验则有“第一漂、第一飞”等动感体育游乐项目。炎炎夏日，在水墨汀溪，人们能感受到大山里的凉爽，尤其是在皮划艇上，或感受平缓处阵阵清新的小风，或感受激流处那波涛涌动的清凉山水，便会立刻忘了夏日的高温难耐。这里还有悠闲的竹筏漂流，山很静，水也很清，宁静的心在这一刻完全沉浸在水光山色之中，两岸到处都是青山绿水，竹林美景。

77 陶辛水韵：青虾游弋沟渠连

陶辛水韵档案：

陶辛水韵景区位于芜湖县陶辛镇，是在香湖岛基础上打造而成，成为芜湖新十景之一，以沟渠纵横、碧水环绕为特色。国家AAAA级旅游景区和国家级水利风景区。

自然村落依田傍水，处处荷花恣意绽放，时时鹭鸟尽情漫舞，一片人与自然和谐相处的景象，这就是陶辛水韵。

陶辛镇位于芜湖县西南部、青弋江下游西岸。这里四面环水，一镇四圩，“十纵十横”井字形千年古水系，宛如水上迷宫一般，素有江南“水上迷宫”的美誉。陶辛水韵像一颗明珠镶嵌在陶辛镇境内，每年荷花盛开时节，百余种荷花竞相开放，莲花密布，荷叶田田，绵延百里。

青弋江是一条美丽的江，它蜿蜒流过陶辛镇，也就造就了沟渠纵横、碧水环绕的陶辛水韵。陶辛水韵如一个温婉的江南女子，静坐江边，吸引着来自全国各

陶辛水韵

陶辛水韵

地的游客前来一探她的秀美。

陶辛水韵景区面积为 81.8 平方千米，区内水系呈“八卦”形分布。相传北宋大观年间，一位陶姓木匠，是陶渊明的后裔，自江西江州迁居于此，带领大家围圩。圩呈椭圆形，按井田式开凿水渠，沟沟相通，渠渠相连，万亩水系，千年不破，实为江南奇观。如今圩内有唐王渡、清凉渡、和尚桥、牌坊村等人文遗存。

泛舟陶辛水乡，树木掩映，碧波荡漾，荷叶田田，浮鸥嬉戏，大自然的清新与质朴，令人陶醉不已。香湖公园是圩内的主要景点之一，建有香荷亭、垂钓亭、强陶亭、醉翁亭、九曲长桥和香湖宾馆，为万亩水系的自然美又平添了古朴、典雅的情韵。

这里水产丰富，尤其是青虾，味道鲜美，水煮、干炒都是舌尖上的美味。香湖岛度假区、宗潭游乐园、中湖生态园、精品荷园、水韵美食村、老芮木榨油坊、水韵广场、苗木花卉园、三太果蔬园、胡氏宗祠等景点，让陶辛水韵集观光、休闲、娱乐、美食为一体，吸引游客纷至沓来。

陶辛水韵，以自然的姿态奏响人与自然和谐发展的乐章。

月亮湾漂流

78 月亮湾：满目青山　一潭碧水

月亮湾档案：

月亮湾位于距泾县县城18千米处被誉为“华夏毛竹第一镇”的蔡村镇境内。景区内山清水秀，碧峰峻岭。这里满山遍野的翠竹，河中成群的鱼虾，让景区充满自然之趣。

月亮湾的名字真好听，它给人感觉亲切、自然，引人遐想。

月亮湾位于风光俊美的泾县，皖赣、宣杭铁路穿境而过，周围山势险峻，溪水缠绕。

月亮湾是一条由几十条小溪汇成的河流，河水宽浅，流量却丰沛；河底的鹅卵石，被河水长年累月冲刷，变得圆润光滑，其中不乏把玩之物，备受爱石者喜爱；河水蜿蜒不息，绕山而过，如果从空中俯瞰，就会发现它像一弯明月，因此得到“月亮湾”的美誉。

月亮湾最美当属它的静：没有半点人工痕迹，一潭碧水连就满目青山。天上白云在水中漂浮不定，如若轻烟拂涟漪。远处竹海，绿浪翻滚，浩瀚广阔，长长的竹梢就像少女飘逸的长发，一阵清风，满山都掀起了绿浪。此时的风，才有形、有味、有韵、有趣、有情。

月亮湾在柔性中偶尔也会体现一股阳刚，在山脚的拐弯处河水汹涌，惊涛拍浪，呈现出一种气势，一种力量。流水冲击岩石，浪花四溅，当然，这是月亮湾恬美中的点缀。

“小小竹排江中游，巍巍青山两岸走。”在月亮湾不得不提漂流。月亮湾漂流路线上至东园，下至吴家桥，长达9000米。沿途有惊豹观竹海、犀牛望月、山涧吊桥、鸳鸯潭、明清古栈道和施村古民居等诸多景点。当竹筏漂流到水势平坦之处时，艄公就把竹筏停在溪流之上，或者让几只竹筏放慢速度并行，让两三条筏子上的游客开心地相互泼水、嬉戏。纯真与自然在这里仿佛得到回归：游客赤脚下到溪流中，满身湿透，充分感受着大自然的恩赐；每个人都有着一种少有的放纵和开心，每个人都不自觉地融入到山水之中。

这里的漂流新增了皮划艇项目，顺水而下，山村竹海倒映水中清晰可见。渡过鸳鸯潭，只见两岸谷道蜿蜒，山鸟轻掠水面，一声呼啸，回音荡漾，野鸟群飞。有时候水流若雪花奔窜，珍珠飞溅；有时候水流舒缓，犹如处子依偎。侧耳倾听，涧中水声有时鼾声如雷，有时悠长幽静，一切都是有条不紊，耐人寻味。

因为风景美得令人神清气爽、心旷神怡，这里还被多家电影制片厂选为外景基地。

月亮湾，美在自然，美在原汁原味。

79 青龙湾：“一级空气一级水”

青龙湾档案：

青龙湾生态旅游区位于宁国市。它依托国家级大型水库港口湾水库而建设，旅游区水面面积30多平方千米，库区内有38个独立岛屿，被专家称为“一级空气一级水”，拥有万亩甜槠林，为国家水利风景区。

青龙湾生态旅游度假区是以港口湾水库为依托而建设起来的。它是西津河、中津河、东津河的汇合之处。水域总面积32.8平方千米，形成长约30千米的水面航道，碧水清清，秀木万顷。

青龙湾——候鸟的家园

水面湖汊分割形成了38个独立或相连的岛屿，一处岛屿一处风景。这里的水清澈碧透，苍茫浩瀚，水平如镜；这里的山，山峦相依，青翠欲滴。无论什么季节来临，它都是碧波茵茵，雾气蒙蒙，像一个未加修饰的小家碧玉，显现着“群岛曲峡”的自然风光，并与板桥自然保护区连为一体，形成了集湖泊与山地景观于一体的生态旅游区，被国家水利部风景区评审委员会评为“国家水利风景区”。

青龙湾风景区分为三大部分。东南部是5万亩山、岛、水缠绵相依的迷宫式湖水景区；中部为山地丘陵和人文景观景区，以古为特色：古树、古桥、古墓、古戏楼、古官邸、古寺庙，还有茶乡风情和新四军遗迹；西部为板桥自然保护区，区

惠云禅寺

内万木森森，古树苍苍，森林覆盖率达95%，有堪称奇观的万亩甜槠林和南方铁杉等多种珍奇植物，被专家誉为“生物多样性的绿色殿堂”和“基因库及中亚热带东北部最后一块绿色阵地”，为现代人提供了一个休闲度假胜地。

登舟水上，仿佛在画中游。举目四望，人与景相互交融，心中感触万千。水中的小山头，似一朵朵出水芙蓉。从莲花岛到赤壁湾一带的湖面上，有形态各异的群岛风光，“火烧赤壁”的景观就在这里。斧削般的石壁在水天一色背景的衬托下，反差清晰，巍峨壮观，特别是夕阳西下，高约20米、长约100米的石壁，在阳光照射下变成火红色，与湖水相映，仿佛在熊熊燃烧，火光冲天。

秀云岛上有惠云禅寺，始建于唐太和年间，宋代高僧大惠宗杲13岁时在此寺出家。原寺址位于宁国市芦溪村境内，2002年迁址于此，从此暮鼓晨钟，佛光禅风。

青龙湾真美，美在有青山作陪。环绕湖畔的青山，鳞次栉比，青翠欲滴，恰似一幅幅翡翠的天然屏风；青龙湾真美，美在水质洁净，晶莹透明，好像是装了满满一缸醉人的酒；青龙湾真美，美在水面平静，轻舟泛水，微波粼粼，宛如千万匹迎风抖动的绿绸。北眺敬亭山主峰，西看九华山群峦，山水兼得，风情万种。

80 储家滩：波光潋滟暮色美

储家滩档案：

储家滩位于宁国市青龙乡龙阁村境内、西津河与青龙河交汇处，距市区 15 千米。河段全长 2.4 千米，水域面积 9 万平方米。上有青龙湾水库，下有万亩翠竹林。

镶嵌在青山竹海连绵的皖南“川藏线”上，储家滩朝有雾霭、暮有彩霞，清澈见底的河水、郁郁葱葱的树木，令人神往。

储家滩早先另有其名。古时候，因为这里俞氏人口多，人们开始将徽水（今称“西津河”）流经龙阁村形成的河滩称为“俞家滩”。太平天国起义时，战争加上瘟疫，龙阁村土著人口无存，田地荒芜，后有潜山等地移民来此开荒种地。移民中以储姓居多，便将“俞家滩”更名为“储家滩”。

东风坝蓄水后，储家滩形成了一处平湖，成了一处风景名胜，吸引着越来越多的游客前来观光。

储家滩位于有着“国家水利风景区、国家森林公园”之称的青龙湾下游。环

境幽雅、空气清新，远远望去，水与天连成一片，秀丽无边，在阳光的照射下可以看到整个湖面碧波微光，充满着诗情画意。青山绿水环绕中藏着白墙黛瓦的人家，像是一幅唯美的水墨画。

储家滩湖面水域达 9 万平方米，从而造就了这里的平湖风光：白鹳、猕猴等动物出没山间；清流碧绿，倒映峰峦，平湖两岸排列粉白色的农舍和水榻，水榻上置有钓翁和天鹅的塑像。在烟雨时节或晨雾之中，湖面上薄雾缥缈，时而有白鹭在低空翱翔，时而有渔翁的轻舟驶过，这波光潋滟的山间平湖与四周峰峦叠嶂的山脉如仙境一般。

晨曲储家滩

青蓼望风亭、垂钓台、竹艺长廊、花径、龙池则是储家滩著名景观。其中花径尤为瑰丽，四季可见路旁栽植桃树、石榴树、桂花树、梅树，三月桃花、六月石榴花、八月桂花、腊月梅花等花儿绽放，让人领略到“过眼

斑斓花弄影，彤彤开似锦霞迎”的景致。置身于此，不禁让人神清气爽，心旷神怡，将内心的烦恼、嘈杂全都忘却九霄云外。

这里的传说也为储家滩增添了一份神秘色彩。明朝时期，有一位俞员外嫁女，一名风水师男子将女子带到一湾流水前，以倒映倩影比作梳妆台送予对方并称来日将此地造出个平湖，连着山峦更像一尊硕大而有灵气的“梳妆台”。这方“梳妆台”变成了他们的定情信物，也因此缘分，此地被祝福寓意为富饶祥和之地。

储家滩群山苍翠、水木清华，静谧安宁又有着独特韵味，是修身养性、娱乐休闲的好去处，可以让自己与自然来一场亲密的接触，在美如画的青山绿水间释放自己的内心。

81 九龙池：山满清光水满池

九龙池档案：

九龙池位于祁门县安凌镇，所处的峡谷峭壁惊险，由九个大小不一、形状各异的水池连接而成，如珍珠翡翠散落在峡谷峭壁之间，有祈雨台、三叠瀑布、龙女瑶池等景点。

当山顶清泉顺势流下时，在山涧里会形成一个个小水潭。九龙池也是这样形成，但由于水至清、石至奇，水因石而增色，石得水而鲜活，水石相映，变幻莫测，形成一个奇景。

相传，在很多年前，天上的真龙化身小僧下山化缘，看到男女老幼都是衣衫褴褛、面黄肌瘦、步履蹒跚地求佛降雨，遂现出真形，以解民众之忧。真龙腾身

九龙池

一跃，倒翻九个筋斗，着地处即成了九个洞池。到了庙前，又随手一划，一股清泉顺流而下，如一条白练，连接着九个洞池，即形成了如今的九个龙池。传说寄寓了人们美好的愿望，不过这九个龙池始终满贮清泉，源源不断，滋润万物生长。

九龙池多以龙为名。一龙池称龙王浴，因形似水缸，老百姓说就是老龙王的浴缸。据说原先这池中的水冬暖夏凉，能祛病延年，是沐浴的绝佳之地。后因山上修建水库大坝，温控失调，池里的水到冬天就不太暖和了，但在盛夏仍是非常凉爽。二龙池称老龙吸水，呈老龙王洗浴后饮水之状。三龙池是戏水池，龙子龙孙们经常来此嬉戏，池边有前伸的平台，就是翻腾跳跃的跳水台。四龙池为龙子阁，是一个上小下大的锥形池，老百姓们说底部内空，无法知其大小，是龙子龙孙的宫殿。五龙池为卧龙池。大家相传，老龙王每当施法降雨时，便会翻转腾跃，现在池子右拐还留有当年龙尾旋搅的痕迹。六龙池是静禅池。站在“蚌仙”对面的石崖上，向右里方巨石平视，就会看到一尊高 5 米多的佛印，这就是“观音参禅”。七龙池是飞瀑池。过去有瀑布丈余，飞泻而下，在阳光映照下，生出彩虹道道，霞光闪闪。现因库区建设，截断了主流，瀑布小了，但仍如一条白龙，带着氤氲瑞气飞跃而下。八龙池是龙门关，坐落在龙门之下，传说中有青龙常驻于此，镇守龙门。九龙池称为龙宫。这里两石相对而立，挟八龙池而为龙门。

祈雨台、学堂基、中华石、坐禅大佛、卧狮、试剑石、三叠瀑布、龙女瑶池等景点，点缀其中，可观景，可探险，可健身，可休闲。自然与传说交融，当游玩下来，细细品味觉得饶有兴趣，也会感叹大自然的神奇。茂林修竹，碧水清幽，呼吸的是格外清新的空气。九龙池真是放飞心灵的绝佳胜地。附近还有仙寓山七彩玉谷，可去龙池坡感受鸳鸯谷内神潭跌宕，飞流成瀑的自然之美，自然乐趣无穷。

82 白水湾：水宕四级从天降

白水湾档案：

白水湾景区坐落于天柱山主峰南麓，距潜山城区 14 千米，以峡谷飞瀑，高空玻璃桥，悬崖秋千，四季花海为特色。景区内青山翠竹，飞瀑流泉，碧水绿潭，如山水画卷。

美丽的潜河流淌至天柱山南麓，形成一个弧形弯道，沙滩河水似白练蜿蜒，因而得名白水湾。白水湾景区面积约 3 平方千米，三山环抱，一水回流，仙人崖横于东，鸡冠岭枕于北，黑虎大瀑布悬于西，105 国道贯于中，潜水流经湾前，山随水转，水绕山流，一湾白水，满目青山。

在这里既可远眺天柱雄姿，又可赏林泉之胜，是理想的旅游观光、疗养避暑胜境。

白水湾景区美在黑虎瀑。它神奇壮观，远看似一条银练，悬于峻岭之上；近观如白色蛟龙，腾跃奔流直下。水大时，水流湍急，声如雷鸣；水小时，细雨飞花，犹如戛玉。它既有“飞流直下三千尺，疑是银河落九天”的巨型飞瀑，又有盘曲蜿蜒、若隐若现的“潜龙”鸣渊。或大气磅礴，或风情万种，与逶迤群峰、奇松翠竹组合成一幅绝妙的山水画图。

黑虎瀑全长1200米，落差近300米，分为四段，自上而下，依次为清凉瀑、玉龙瀑、虎啸瀑和卧虎瀑。

玉龙瀑是黑虎瀑布群中最长的一段瀑布，水流从高山顶上一泻而下，似神龙出山，势不可挡，惊心动魄。

卧虎瀑是黑虎瀑布群最后一段。落差虽小，水量最大。每逢大雨过后，上游湍急的水流轰然而下，激起的水雾浪花能溅到水潭的对岸。阳光折射，崖下生成熠熠生辉的彩虹，水上一道，倒映到水下一道，双虹映潭是这里最华美的景致。

奔腾的水流注入卧虎潭后，稍事休息，野性开始平静下来。水出卧虎潭，就是一马平川的白水湾了。

要观看绝美风景，可以去观景台。可以观看如黛青山，观看河水似一条白色蛟龙从山谷中奔腾而下，峭壁震颤，谷底鸣雷，非常壮观。

不同季节，白水湾有不同的神韵。有时候，它是涓涓细流，飞珠溅玉，晶莹剔透；有时候，它沸沸腾腾，扬扬洒洒，动中有静，静中有动。

沿登山步道上行，步道两边林荫蔽日，高山特殊的立地环境适宜各种植物生长，草本、藤本种类丰富，悬崖上还有黄檀、紫楠等珍贵树种。

“枹树嘴”即谷口的名字，这是因为山上长有枹树，也就是槠树，它是一种比较珍贵的阔叶树。盛夏时节，浓阴蔽日，加之空气湿润，风过谷口，格外凉爽。

一座悬挑于数十丈峡谷之上的全透明玻璃桥更是吸引不少游客，前来体验横空出世的“高空玻璃游览桥”，分享山水环抱之间别具一格的原生态“试心之旅”，其乐无穷。

83 披雪瀑：瀑布晴飞“雪”

披雪瀑档案：

披雪瀑，古名“披雪洞”（一作“披云洞”），又名“响雪泉”，位于桐城市西北碧峰山下。因为瀑流飞泻直下，如雪帘高悬，所以称之为“披雪瀑”。

瀑布晴飞“雪”，桃花带晚风。披雪瀑瀑长 900 米，全瀑分三段：前为“迭瀑”，长约 50 米，瀑流滚迭，溅珠飞玉，称之为“前瀑”；中为“溪谷”，称“披龙”，长约 800 米，雪浪翻滚，奔腾直前；后为“悬瀑”，高约 50 米，瀑流长悬，雪崩雷鸣，称之为“后瀑”。

后瀑左崖有一洞，名“披雪洞”，诗人吴用珍曾描写：“巨灵怒试劈山手，铁壁双开万仞陡。中有银河一线通，镇日常作蛟龙吼。”整个瀑布像是山溪从山里跌落下来，一个跟头就是一片景色，而且每景如画，每画如诗。如果没有很大的水从崖头上作雪帘状长长地披下来，那么披雪瀑是生涩的。不得不佩服桐城文人能把奔腾的水流称为“披”，形象之至。

从景区口入，沿潭边的石阶而上，清桐城文人姚鼐所写的《观披雪瀑记》石刻碑立在一片竹园下面，文词凝练，写披雪四溅，形如龙蛇奔腾，声如惊雷轰鸣，气势磅礴。向上行走，依然是前瀑，姚鼐《观披雪瀑记》中记载的宋代“三十六字”摩崖石刻位于此。瀑布额头石上还有镜面池、碧莲池石刻，传说仙女曾在这里濯足，照过镜子。在这山水间浸染一番，能感到自己已经融进这片声浪中，随着山瀑的飞扬跌落，每个细胞都充满了活力，身体内外都被濯洗和净化。

贴山崖走过长约 800 米“披龙”，就是后瀑。浓荫夹道，溪水吻脚。忽然，一阵阵巨大的轰鸣声响像是从天际而来，瀑鸣如雷，如同激战正酣的千军万马。站在瀑下的潭水中，向上仰观，那瀑势若崩雪，也如白色珠帘从上披下，让人真真切切地感受到细雨霏霏和暑天飞雪。瀑布周围还分布着观音洞、关公洞、蛟龙洞、披龙洞、一线天等景点。

披雪瀑不仅美在水之神韵，更美在人文。宋绍圣年间文人石刻，诉说了多少岁月故事，而后瀑北面崖壁上，刻篆书“崩雪”二字，风格古朴，让人回味不已。

濮塘景区内山清水秀

84 濮塘：古树清泉野趣多

濮塘档案：

濮塘风景区地处马鞍山市东部的濮塘山山区，面积约 20 平方千米。现分为黄庄、剑湖和陵轩 3 个景区。

马鞍山市东郊，有一块面积约 20 平方千米的景区，称为濮塘。

濮塘景区内层峦叠嶂、沟壑纵横、飞泉叮咚，这里环境幽雅，野趣盎然。其中，竹海、古树、清泉、钟鼓并称濮塘“四绝”。竹海苍茫，一碧万顷，千年古银杏，虬枝铁干，浓荫如盖。

历史上，濮塘是佛道两家争相建庙设庵的好地方，曾出现过幽谷庵、考山庵、青云观等庵、堂、寺、庙 27 处，香火旺盛一时。藤萝悬挂，古树参天，竹林似海。山风徐来，竹影婆娑，竹叶沙沙，如鸣天籁，徜徉其间，令人心旷神怡。

濮塘景区有大小山峰 49 座，峡谷 53 条，水库 8 座，塘坝 290 口，山中有森林 18000 亩，竹林 5000 亩，茶园 350 亩，植物 300 余种。其中有一棵老银杏树，树冠铺天盖地，据说树龄有 800 多年，深秋时节，金黄的树叶格外美丽，落在地上，像是地毯，软绵绵的。由于景区林深树密，这里也是鸟儿的家园，画眉、黄莺、布谷、百灵、山雀等鸟儿，鸣啾跳跃，好不欢快。

濮塘景区还有多处泉水。玉乳泉、龙泉、虎泉、清泉、螃蟹泉，一泉一景。尤以龙泉、玉乳泉最大。龙泉位于龙谷之端，泉水酷似龙口垂涎而出，潺缓而下。玉乳泉位于天马山麓的幽谷庵，因水色乳白而得名。

濮塘景区还有一处凤凰湖景点。凤凰湖边曾有一位名人居住在此。《被爱情遗忘的角落》这部在 20 世纪 80 年代风靡一时的电影就出自他手，他就是著名作家张弦。当年张弦的居住地——一间破旧小屋被保存了下来，成了凤凰湖度假村的一块文化招牌。

凤凰湖原生态休闲山庄依山傍水，占地 3000 余亩，以生态植物园和田园体验式休闲旅游为主体内容，景区内山峦、湖泊、河流、植被等构成原生态的环境特征，绿树长青、翠竹摇曳、清波荡漾、白鹭相与，是游客们休闲度假的好去处。

白鹭洲

85 白鹭洲：洲衬水　水映洲

白鹭洲档案：

白鹭洲水利风景区位于利辛县，西淝河之阳、茨淮新河南畔，碧水清清，因白鹭成群栖息而得名，是一处集自然生态、休闲度假、水利文化展示和康体运动为一体的综合性景区，国家级水利风景区。

洲衬水，水映洲，天上白鹭自由飞。这是位于利辛县阚疃镇的白鹭洲水利风景区给人的印象。它是一处集自然生态、休闲度假、水利文化展示和康体运动为一体的综合性景区。

西淝河蜿蜒穿越，带来了良好的生态。当它流淌到利辛，遇到了茨淮新河、利阚新河、白洋沟、月牙河等水系，相互交错，营造了良好的生态，也带来了白鹭洲的美丽。

白鹭洲景区总占地面积1800亩，以茨淮新河阚疃枢纽工程为中心范围，属自然河湖型水利风景区。这里闸抱水，水漫闸，水天一色。水利工程设施与碧波相交融，老利凤公路穿境而过，把整个景区划分为四个相对独立的岛屿，各有特征。一棵棵水杉参天挺立，像列队的士兵，接受检阅，也撑起一大片浓浓的绿荫，在皖北大地显得格外有生机。

茨淮新河和月牙河围合而成的三角洲小岛是白鹭洲景区的核心景区。水在这里显得是那么有灵性，与周边建筑、树木浑然一体，清丽的波涛里，承载着诗情画意，承载着时代的希冀。这里，每天都是新的精致，每天都有朝阳伴春草生辉、落日与秋水一色的靓丽。坐上游艇，在波涛里穿行，感受湖风的惬意，都市的喧嚣丢在脑后，收获的是愉悦与轻松。

陆地上，则是四季常青的树木，林间花草丛生，植被丰富。行走其间，仿佛走进了皖南的原始森林。这里栖息着许多鸟类，在林间跳跃、鸣叫，好不热闹。最引人注目的是白鹭，它们成群栖息，在树林上空飞翔，体态轻盈，似一幅幅变化的白鹭生态图。

具有特色的农家木屋饭馆、静谧舒适的民宿，已成为市民休闲娱乐度假的好去处。看枇杷压满枝头，闻桂花香遍天地，白鹭洲以它独自的魅力，正吸引着八方游客。

水碧流温

“谁燃丹黄焰？爨此玉池水。客来争解带，万劫付一洗。”这是朱熹对温泉的感慨。

安徽温泉资源丰富。黄山温泉自古名闻天下，与奇松、怪石、云海、冬雪齐名，誉为“五绝”；巢湖半汤，冷热相汇，是世人眼中难得的“九福之地”；庐江汤池，无数文人墨客为之歌吟；霍山陡沙河，吸引八方来客；岳西天悦湾，融禅宗与温泉文化于一体……

丰富的温泉资源，特色的温泉文化，相映相辉。冬日初雪，水碧泉温，温暖的何止是一身风尘，更有一缕闲情。

86 黄山温泉：享誉千年绝天下

黄山温泉档案：

安徽温泉资源丰富。被称为黄山“五绝”之一的温泉(古称汤泉),又名朱砂泉。温泉水质以含重碳酸为主，无硫。自唐代开发以来，引起众多文人墨客的歌吟，享誉千年。

在闻名世界的黄山，共有温泉 15 处，其中有名的一处名为“黄山温泉”，古称汤泉，泉水是亚洲珍稀的朱砂泉，它与骊山的华清池、安宁的碧玉泉并称为中国“温泉三奇”。温泉水质以含重碳酸为主，无硫。自唐代开发以来，享誉千年。

黄山温泉位于紫石峰南麓，汤泉溪北岸，海拔 615 米，主泉泉口的平均温度为 42.5℃，副泉泉口水温为 41.1℃。温泉景区古称桃源仙境，因左侧桃花峰上桃花遍岭而名，现以温泉为名。

这里温泉水质以含重碳酸为主，泉水异常清澈，无色无嗅，其味甘美。由于富含矿物质，具有一定医疗价值。相传轩辕黄帝浴后，白发变黑，返老还童，所以誉为灵泉。唐大历年间，歙州刺史薛邕在这里洗浴治好疫病，便在此立庐舍。古人有诗云："嵩阳若与黄山并，犹欠灵砂一道泉。"泉边另有邓小平同志所题"天下名泉"刻石。

黄山温泉景区是通往南大门及山中各景区的交通枢纽。这里主要景点有揽胜桥、翼然亭、温泉、观瀑亭、白龙潭、鸣弦泉、三叠泉、慈光阁、人字瀑、百丈泉、冰川遗迹、醉石、丹井等。登山疲惫，泡一下温泉，自然是疲惫顿消。浴池里石为壁，水清至底，热气腾腾，进入池中，仰面而卧，顿时觉得周身包裹在春日阳光般的温暖中。

黄山冬雪落下之际，还可在飘雪温泉一边泡温泉，一边欣赏雪景，这无疑是人生中最惬意的享受了。

黄山汤泉

醉温泉位于黄山市屯溪区，毗邻新安江、背倚群山，素来有"小天然氧吧"的称呼，各种类型的温泉池子掩映在树丛之中，泡温泉赏美景，会让人更加深入地体会"天地之美，美在黄山；人生有梦，梦圆徽州"的含义。

黄山风景区东大门的谭家桥镇石门峡景区旁边还有丰大温泉。群峰环绕的地理环境，高端的酒店配套设施以及各种游乐项目，让丰大温泉逐渐成为炙手可热的度假胜地。这里以悠闲、惬意的度假享受为特长。在此沐浴，窗外是黄山，山之间云之上，闲情逸致尽在美景美池之中。

87 汤池温泉："独此沸如蒸"

汤池温泉档案：

汤池温泉度假区位于庐江县汤池镇，有数处温泉。汤池温泉水温高达63℃，水中富含对人体健康有益的二氧化硅、硫化物和多种阳离子及微量元素。汤池温泉度假区景色宜人，山青、水秀、湖美、瀑迭，为安徽省风景名胜区。

庐江县汤池镇以温泉而名。

汤池温泉位于大别山地质公园的东部边缘，又有郯庐大断裂带通过，构造较为复杂。

汤池温泉人文深厚。东汤池古称东坑泉，此泉历史悠久，文化内涵丰富。公元前164年，汉文帝始建庐江国时就曾有"坑泉"分东西之说。据记载，宋代王安石谪贬舒州途经此地，曾入东坑泉濯足并留有《咏东坑泉》诗一首，诗云："寒泉时所咏，独此沸如蒸。一气无冬夏，诸阳自发兴。人游不附火，虫出亦疑冰。更忆骊山下，歊然雪满塍。”

汤池温泉热田面积大，水温高达63℃，日出水量达4000吨，化学成分稳定，且富含有十多种对人体保健有益的化学元素。境内旅游景点诱人，山青、水秀、湖美、瀑迭、花奇、树珍、石古、崖悬，令人流连。

坐落于汤池镇的金孔雀温泉被誉为“人间瑶池”。以园林式露天温泉为最大特色，泉水清澈，拥有药膳浴、名酒浴、SPA疗养馆、漂流河、人造沙滩等等，是调养身心的唯美境地。

同样位于汤池镇的国轩温泉宫采用了《易经》中“天圆地方”的规划布局，直径138米、高55米的巨型半球体温泉宫令人赞叹，在这里可以感受西方各类养生温泉池，也有大型室内温泉冲浪。

国轩温泉

位于汤池镇的万振逍遥别院温泉酒店占地约5000亩，所有客房可直接享受到温泉浴，另设有露天温泉泳池、室内温泉冲浪泡池、凉亭药用泡池等设施。温泉水含有63种矿物质成分，吸引不少游客。

半汤温泉：冷热合流九福地

半汤温泉档案：

巢湖半汤温泉，冷热两泉相汇，热泉60℃，冷泉40℃，奇绝天下，且有很高的医疗价值，自古被誉为“九福之地”，是安徽省著名的休闲疗养区。

巢湖半汤吸引着越来越多的人前往，一是感受郁金香高地的浪漫，一是感受半汤温泉的曼妙。

郁金香高地是半汤国际温泉度假区五大景区之一，包括郁金香种植区、牡丹种植区、薰衣草庄园、茶园、百花园、情人谷等景点。这里利用江淮丘陵地貌特征，大面积缓坡，曲线起伏优美，呈现了高远辽阔、风吹草低的花海世界之美。

巢湖半汤温泉历史悠久，拥有丰富的地热资源，是全国四大温泉之一，大小

汤山脚下温泉之乡

泉眼星罗棋布。最大的有两口，一为热泉，一为冷泉，两泉汇合为温泉，故名“半汤”。

半汤泉水中含有铁、锌、锰、钡、锶、氡等30多种对人体有益的活动性元素，能治疗50多种疾病，具有很高的医疗价值，从而形成了全国著名的具有保健、治疗作用的温泉。

半汤温泉开发于隋代，闻名于唐代，因治愈多位皇帝及达官贵人的皮肤疾病而享誉四方，古人誉为“九福之地”。唐代诗人罗隐留下了“饮水鱼心知冷暖，濯缨人足识炎凉”的诗句；爱国将领冯玉祥曾捐资于此设“女浴室”，使半汤开始有女浴室的历史。新中国成立后，这里先后建起空军疗养院、干部疗养院、工人疗养院等十多家疗养所。

有关半汤温泉的记载早在宋朝就已有之。《太平寰宇记》称，巢县汤泉“四时常热，就抱疾者饮浴此汤，无不效验。复有一泉，半冷半热，名曰半汤”。《明一统志》记：“山有二泉，一冷一热，合流其初，冷热仍异，数里之外始相混。鱼自冷泉（出），触热则亟回。”清康熙版《巢县志》则记载：“汤山，在新安乡

县北东二十里，下有温泉，可浴。明末黄藩镇作屋覆其上，周缭以砖墙，其傍半里许，有冷泉，其寒彻骨。”

如今的半汤温泉度假区绿树成荫、花木扶疏，小桥流水、别墅、楼台、亭阁星罗棋布。省工疗、干疗、电疗、地疗和温泉、金泉、银泉、瑞泉等三星级宾馆坐落其间，有医疗、水疗、泥疗、电疗、磁疗、按摩推拿、藤疗、体疗等多种医疗方式。此外还有温泉游泳馆、健身房、网球、篮球、排球场地和保龄球馆等设施。古人称半汤为“九福之地”，今人称半汤是温泉疗养、旅游度假休闲之胜地。

半汤御泉庄温泉占地114亩，分综合接待区、SPA保健区、娱乐健身区、室内温泉区、露天温泉区。这里，每套温泉台地别墅均引入温泉水，客人可以在多种极富养生特色的温泉区理疗戏水，还可以在自己的独栋别墅里独享温泉水所带来的陶陶乐趣。

沐浴半汤温泉，饮山间清泉水，游客来到这里还可品尝驰名中外的“巢湖三珍”（银鱼、白米虾、螃蟹）和“长江三鲜”（鲥鱼、刀鱼、河豚），食乡村鲜果蔬，唇齿留香之余，感受到的是别具特色的养生文化。

89 天悦湾温泉：睡佛山下禅泉涌

天悦湾温泉档案：

天悦湾温泉位于岳西县天堂镇，是特有的高品质高山温泉。天悦湾温泉度假区是一座集观光度假、休闲养生、疗养健身等于一体的国家级生态旅游示范区，为国家AAAA级旅游景区。

岳西境内山清水秀，生物资源极为丰富，境内有妙道山国家森林公园、鹞落坪国家级自然保护区、枯井园省级自然保护区。同时，这里又是国家中药材基地县。此外，岳西禅宗文化深厚，境内司空山是中华禅宗的发源地。

天悦湾温泉

天悦湾温泉水温 57℃，日出水量 1500 吨，泉水品质优良，含有镭、氡等多种对人体健康有益的微量元素。这里有得天独厚的天然景观、历史悠久的禅宗文化，在白茫茫的雾气中，一切都是那么梦幻而美丽。

天悦湾依托当地优质的生态环境及山水景观，充分利用高品质温泉，立足禅宗文化，打造独树一帜的禅主题温泉，志在成为“天下第一禅泉”。

来到天悦湾，人们不仅可以感受大自然的馈赠，还能体验到禅与泉有机融合的文化意蕴。天悦湾通过汤禅一体的精心打造，并结合当地的农耕文化和茶文化，将禅温泉演绎成禅、茶、竹、禾、栗、兰六大主题，分别对应“如是宁静”“心即是岸”“性空有节”“慈悲喜舍”和“皆大欢喜”“无人自芳”六种文化内涵，因此人们来到这里泡汤即是养生、泡汤即是悟禅。

此外，安庆境内的岳西睡佛山温泉、太湖县境内的汤湾温泉都有各自的温泉文化，各具特色。

90 香泉温泉：热气蒸腾水飘香

香泉温泉档案：

香泉温泉在和县覆釜山下，泉水热气腾腾、香味浓郁，世称“香泉”。近几年来，香泉镇围绕国家 AAAA 级旅游景区建设，构建香泉全域旅游格局。

和县香泉镇于 962 年建镇，地处和县北部，与南京浦口区接壤，属南京半小时都市圈，四周有合肥、芜湖、马鞍山、滁州等大中城市，位置优越。

让香泉镇出名的是温泉。这里的香泉，又称“太子汤”“平疴泉”“香淋泉”。南朝梁昭明太子萧统因在香泉沐浴温泉而治愈满身疥疮，挥笔题下“天下第一汤”，从此香泉名扬天下。他组织文人雅士编写了《昭明文选》，这是中国现存最早的一部诗文总集，传说这书就是在香泉编写的。可以想象那时的情景：一群文人泡着香泉，聊着诗歌，自然是文思泉涌。唐宋时期，更是有许多文人墨客、达官显贵慕名前来沐浴，并挥笔洒墨，留下了许多碑刻，一时间浴池周

香泉温泉

围竖起了七十二块碑，蔚为壮观。

香泉镇地形由北向东南倾斜，低山、丘陵、圩区各占三分之一。西部和北部分别为低山、丘陵，南部为平原圩区，地势较为平坦。香泉地表水丰富，水库湖塘众多，其中香泉湖面积 21.6 平方千米。这里地下水更是充足，西北部泉眼分布较广，其中温泉集中在镇西侧及西南侧覆釜山下。这里天然温泉日出水量 2100 吨，水温通常在 42℃至 50℃。温泉水中含有氡、二氧化硅、硫化物、多种阳离子及多种微量元素。其中，氟含量、偏硅酸含量达到医疗矿水“氟水”“硅水”命名标准，适宜温泉沐浴、康复疗养、保健养生。

这里的温泉文化也较为深厚。宋代元祐年间，州官王大过在浴池上建起三间无梁屋。明清年间，香泉名胜不断重修和新建；清乾隆三十八年（1773），知州刘长城与翰林学士朱筠在此建“进亭”。历朝以来，先后建成的昭明塔、昭明亭、昭明书院、洗心亭、省心亭、尔雅台、文选楼，无不显示了非同一般的文化内涵。随着香泉温泉度假村的打造，古老的温泉焕发出新的生机，让温泉的诗歌文化与养生、休闲文化结合，别有风味。

香泉镇是国家 AAAA 级旅游区，并被命名为安徽省旅游特色小镇。它依托青山、碧水、古寺、温泉，极力打造融健康养生、休闲度假、观光旅游、文化体验、立体运动为一体的长三角慢生活旅游综合体，是人们休闲度假的又一处上好选择。

91 陆沙河温泉：千亩竹海万山泉

陆沙河温泉档案：

陆沙河温泉位于霍山温泉小镇。它地处霍山县上土市镇，背靠大别山主峰白马尖，前依淮河源头淠河，日出水量 5000 立方米，出水温度 68℃。

霍山位于大别山腹地，森林覆盖率全国居前。地貌特征为“七山一水一分田，一分道路和庄园”，以民风民俗和红色历史形成了独具魅力的地域性文化。位于上土市镇内的陆沙河温泉小镇正吸引远近的游客。

陆沙河温泉小镇总规划占地 1200 亩，是一个集养生、休闲、度假、购物、娱乐为一体的综合性文化旅游场所。这里总体建筑采用仿唐宋时期的风格，帐篷酒店依山而建，伴水而居，让人回归自然、享受自然。

霍山陆沙河温泉风景区

霍山陡沙河温泉风景区

其中核心区域的御香泉引用1000多年来自冒的富锶温泉水，日出水量5000立方米，出水温度68℃，PH值为8.4，经国家检测，无异臭、无异味、无肉眼可见物，其水质优良，富含多种微量元素，以锶含量为最，俗称“美人汤”。

大别山美景与温泉相呼应，让人体会到一个充满自然之美、自然之趣的神奇世界。

洗浴完，游客可以体验伴山温泉帐篷酒店的独特风趣。它背依千亩竹海，面临清泉汩汩。全软布帐篷，利用自然梯田形成的高差天然分隔，充分保证了来访友人的私密性，使每位友人都享有隐世独居的静谧。在绿树掩映、清水环绕的环境里，游客还可以品尝深山土菜的美味。

这里另有水上乐园，是一个大型综合性水上世界，包括风洞造浪池、大喇叭滑道、互动水寨、急速太空盆、星际迷航滑道等项目，让人畅游水上，乐趣无穷。

汤王温泉：中医药养生胜地

汤王温泉档案：

亳州海泉湾汤王温泉位于亳州市西北角涡河和洪河交汇处，地理位置优越，环境优美。温泉总面积占地 96 亩，出水量每小时 120 立方米，出水温度高达 63℃。这里温泉文化与中药养生文化相交融。

亳州历史悠久。夏时亳州属豫州。秦时置谯县，属砀郡。三国时期，出了一代枭雄曹操及夏侯家族，同时这里还是神医华佗的故乡。因此，亳州既是三朝古都，又是中医药文化的发源地之一。

亳州海泉湾汤王温泉就坐落于此。温泉总面积占地 96 亩，出水量每小时 120 立方米，出水温度高达 63℃。汤王温泉融入亳州中医药养生文化，填补了整个皖北地区温泉度假产品空白。

亳州汤王温泉

汤王温泉泉水属于弱碱性锶泉水，水质中性温和，富含锶、锌、铁等多种对人体有益的微量元素，是典型的疗养型矿泉，具有保健作用。其中泉水中优质的锶元素对强壮人体骨骼、改善骨质结构、促进骨细胞生理活性、防治心血管疾病较有功效，锶泉水还有活血化瘀、美容养颜的作用，被称为天然的养生黄金汤。

因为地处药都，汤王温泉结合中医药养生文化，分别打造中药养生区、天下道源区、儿童嬉戏区、激情造浪区和抱朴农耕区，另配有中医保健按摩、欢乐儿童堡、棋牌和茶艺等各种风格的温泉池及中医药养生产品。室外建设项目包含水上乐园、水上拓展、漂流河、特色温泉汤池等。

特色中药泡池药材均取自中药，用华佗百方用心研制，用中药之精华，入泡池，洗凡尘，便得养生。同时温泉设有养生自助餐厅，寓医于食的特色药膳，药借食力，食助药威，既具有较高的营养价值，又可防病治病、保健强身、延年益寿。泡药浴、品药膳，二者相辅相成，相得益彰。

华灯初上，温泉内美轮美奂。在这里，闻着药香，听着华佗的故事，别有一番情趣。汤王温泉作为全国特有的、皖北独具特色的中医药养生文化温泉休闲旅游目的地，以中医药文化为精髓融合道家文化思想理念，倡导健康优雅的生活方式，中医药养生与温泉沐浴相结合的泡泉文化，让人忘却忧愁，获得愉悦与活力。

浪遏飞舟

炎炎夏日，漂流于溪涧之间，是勇气，是豪情，更是一种“心驰天地间”的悠然。这就是水的魅力。

天柱山下九曲河，瀑潭相连，乘坐皮划艇与浪共舞；佛缘谷漂流，百米冲浪，如离弦之箭；夹溪河漂流，悬崖壁立，林木繁茂；白马潭漂流，挑战自然，其乐无穷……

漂流把惊、险、奇、趣巧妙地融为一体。急流险滩中，感受淋漓酣畅；惊险挑战中，玩味皖水之趣！

93 徽水河漂流：俯仰穿梭意淋漓

徽水河漂流档案：

徽水河漂流位于泾县。自榔桥镇乌溪村小河口码头至黄村镇平垣村11千米的河段为漂流景区，河道蜿蜒曲折，水流湍急，两岸层峦叠翠，风光绮丽。

江南好，风景处处可遇。徽水河漂流景美、趣多，真可谓俯仰穿梭意淋漓。

徽水河漂流妙趣横生，全程漂流下来11千米，经过五大景区。起筏地叫龙潭，这里滩长浪急，当乘上由当地村民继承祖传技艺精心烧制的竹筏，穿急流、越险滩，任飞溅的浪花打在身上、脸上，那场惊而无险的感受足以让人热情澎湃，一种酣畅淋漓之感油然而生，因此这一段漂流被誉为“江南第一漂”。

第二个景区是“早雾山”。这一段终日云雾缭绕，但水平浪稳，使游人跌宕之心转为柔情惬意。早雾山下端河道突转急弯，形成“刁潭”，岸边巨石上的“潭古印”形象地记录了昔日放筏工艰难的岁月。传说，这里不知有多少放筏工误落水中，而落水者却浮而不沉，因而留下了“刁潭不刁”的神奇故事。

江南第一漂

江南第一漂

“胡老湾冲浪”更是一弯三折，滩中有垅、垅中有滩，千余米的河道落花流水差一米多，最能体现“两岸猿声啼不住，轻舟已过万重山”的古诗意境。

急滩甫过，“柳暗花明又一村”——溪西山到了，这里山高水秀，常有云雾缭绕，村舍依山傍水而筑，是地道的农家风光。沿流停筏，小扣柴扉，人们还能喝到顶级的绿茶“溪西山毛峰”。

接下来便到了第五个景区五雀岭，这里有鸡公石、马影石、木鱼墩、百亩草坪、高滩晚钓、断桥绿水等景点，人称“江南小漓江”。

在徽水河漂流，不同时间段的漂流也会有不同的体验。晨漂会领悟到雾锁群山、烟笼碧树的虚幻奇美；暮漂将感受到群牛暮归、顽童嬉戏的山野风味。

94 夹溪河漂流：黄山第一漂

夹溪河漂流档案：

夹溪河漂流位于黄山脚下休宁县蓝田镇，距世界文化遗产西递、宏村 20 千米，被誉为“黄山第一漂”。它长达 5 千米，这里水量充沛，即使在枯水季节，依然能让游客感觉到漂流的乐趣。

夏天酷热漫长，漂流无疑成为最合适的项目，而被誉为“黄山第一漂”的夹溪河漂流是不错的选择，可以让游客深切感受皮划艇冲浪的妙趣。

夹溪河漂流全程约 5 千米，起点于屯黄公路儒村隧道口，交通十分便捷。这里水浅处清澈见底，水深处如翡翠碧玉。乘皮筏顺流而下，两岸风景秀丽，群山环绕，悬崖壁立。水虽然不深，但冲浪时缓时急，溪中不时出现石头，需要沉着

夹溪河漂流

夹溪河漂流

回避，自然是增添了惊险与乐趣。其中有一处，落差很大，许多人在这一段总是闭着眼睛，一阵惊叫后，回到平缓之处。

漂流妙在十八湾。水流时而急，时而缓，到处都是石头。急的时候，瞬息万变，水浪飞溅，更有漩涡密布。当皮划艇艰难前进时，遇上一个急漩，会被掀得较高，然后又猛跌下来。缓的时候，皮划艇好像一动不动，人们正好可以放松心情，观看四周风景。只见林木繁茂，竹海茫茫，彩潭彩石随处可见，使人产生“荡舟清波上，人在画中游”的美妙遐想。

峰回路转，进入平缓水域，另是一番情景，只见大人小孩开始打起了水仗，有的拿水枪，有的拿水盆，你喷我一枪，我浇你一盆，笑声在山谷里回荡，快乐洋溢四方。

夹溪河皮划艇冲浪漂流具有娱乐性和刺激性，一路漂来，山鸟鸣翠，雪浪翻飞，让人乐而忘忧。

95 怪潭漂流：碧水无弦万古情

怪潭漂流档案：

怪潭景区在石台县境内，国家AAAA级景区，为国家湿地公园，以其特有的怪石、怪树、怪水、怪潭、怪石滩等美景吸引着游人。怪潭漂流漂程4.5千米，被誉为“皖南第一漂”。

一个“怪”字，其实不足以表达怪潭的惊奇与美好。这里深邃的绿意让人感叹大自然的鬼斧神工。

怪潭风景区人文荟萃，山水秀美。这里有冠定石台（石埭）县气势雄伟的“三埭石”。据《石埭县志》记载：“石埭县建于南朝梁大同二年（536），县城（广阳）往西一百三十余里鸿凌河中屹立三大巨石，锁管溪、涟溪、鸿凌溪三溪水，舟楫不通，曰：‘头埭、中埭、三埭’，石埭县因此而得名。”三巨石排列有序、横亘河中，遇山洪时，巨大的水练直扑三埭石，拖起十多丈长的雾气尾巴，气势汹

石埭侧旁千帆过

汹，震荡山谷。河谷如金龙翻滚，咆哮着似从天而降，水吼如雷，浪花飞溅，水柱冲天，气势磅礴，蔚为壮观。

怪潭景区优良的生态环境，被誉为“高浓度的森林大氧吧”。景区建有野生动物标本馆，收藏了皖南地区各种珍稀野生动物标本，给游客提供了亲近自然、了解自然的良好机会，带给人们回归自然、返璞归真的感觉。

怪潭漂流，漂程 4.5 千米，历时 2 小时，是江南开发最早、漂程最长、最具刺激、规模最大的漂流区，被广大游客赞誉为“皖南第一漂”。这里河道落差大，河水澄碧幽深，两岸青山绵延，河中流水潺潺，真可谓“青山无墨千秋画，绿水无弦万古琴”。

漂流全程有两处冲浪，五道急流险滩，水绕山转，山贯水行。时而水平如镜，可以停下双桨，随波漂荡，静养其心；时而波涛汹涌，挺起双桨，劈波斩浪，运动其身。在漂流中，人们既能享受静中的悠闲，又能感受动中的惊险，愉悦身心，实现动静平衡。极目远眺，只见一缕碧水绕山而逝，近观河岸，千姿百态的古树林像一条巨龙蛰伏于水边，苍翠欲滴。这一切构成了“一水贯群山，两岸风景秀”的巨幅山水画卷。

景区内还有河岸推磨、踩水车、河湾嬉水捉鱼、林中弯弓狩猎等游乐活动。

佛缘谷漂流

96 佛缘谷漂流：激情伴禅意

佛缘谷漂流档案：

佛缘谷漂流位于青阳县杜村乡，为双河道漂流，两个起点，一个终点。其中，巴河河段全长6千米，落差148米；八都河段全长4.5千米，落差78米。全程风光秀丽、古朴原始。

佛缘谷漂流位于九华山主景区右侧，奇山秀水，比比皆是。田园风光，如诗如画。

这里著名的景观有巴河峡谷、八都河峡谷、梅山瀑布等。置身其间，宛如身临仙境。杜村乡充分利用这一水景资源，引资开发水上游乐业，总投资9000万元，项目包括休闲漂流、探险漂流、户外拓展、峡谷观光、特色农家餐饮、滑雪场。

佛缘谷漂流

佛缘谷漂流为双河道漂流，两个起点，一个终点。两条漂流河段风格迥异：巴河河段全长6千米，落差148米，急流处乱石穿空，跌宕起伏，惊险刺激；八都河段全长4.5千米，落差78米，全程风光秀丽、水质清澈、古朴原始、浪漫悠闲。

从景观视角考察，整个漂流行程全部位于两岸风光旖旎的著名风景区内，众多自然景观组成内外十里画廊。景区既是漂流河段，又是一处难得的观光避暑、度假休闲的旅游胜地。

九华山很美，佛缘谷漂流也很美。在这里，有大自然的杰作，更有一份返璞归真的写意。佛缘谷漂流所在的杜村，历史上出现过不少响当当的人物，如：明朝的光禄寺丞刘光复、万历年间的进士罗尚忠、姜孝维等人。还有关于东馆西馆的陈年旧事，目连戏、十番锣鼓、农民画等都是出自杜村。

在佛缘谷漂流，让人忘却忧愁。乘坐橡皮筏上，随河水漂去，目光所及，都是一幅幅山水画，河水有时平缓宽阔，有时又险滩汹涌，河两岸的各种花花草草，随风摇曳，仿佛在向游人打招呼。

佛缘谷漂流，收获是丰满的，有禅意，有安宁，更多的是洗去尘世疲惫的快意。

97 白马潭漂流：浪如奔马排如箭

白马潭漂流档案：

白马潭地处天柱山西麓，国家AAAA级旅游景区。它位于潜河中上游，距天柱山高速出口约17千米、潜山城区25千米。其特色竹筏漂流享誉江淮，被称为“天柱山下第一漂”。

潜河，依天柱山而流。人们还为它起了一个响亮的名字——天险河。

河面犹如一面明镜，倒映着蓝天白云。河床狭窄处，河水浅且急，哗哗有声；河面宽阔处，河水深且缓，三余丈的竹篙入水，没了篙梢。逆水而上，纤夫用纤绳或竹竿牵引竹排缓缓上行，轻风拂面，绿水长流；顺水而下，竹排轻盈飘逸，一路酣畅，偶遇急水，排随浪起，如离弦之箭。

白马潭正位于潜河中上游，因河中白浪翻卷时，如千万匹白马咆哮奔腾，因

白马潭漂流泼水节

此取名白马潭。

白马潭山水相依。这里如同诗句描绘："水无心而宛转，山有色而环围。"舟行水上，两岸青山犹如流动的画廊，将绰约风姿尽情展示给游人，为秀水平添了几分雅韵。举目四望，山峦连绵起伏，悠悠然不知源于何处，伸向何方。漫山遍野的林木，透露出原始的野性美。

白马潭漂流被广大游客所喜爱。竹筏漂流起点站距终点站 2 千米左右，河道两边山清水秀，风景宜人，绿水环绕，群山绵延，村庄临水而建，映衬在竹林中，别有一番韵味，远处河床上躺着的鹅卵石在阳光照耀下闪闪发光，随波逐流地坐在竹筏上享受悠闲的浪漫，一切都很恬淡。

这里以良好的生态环境、独特的河谷风光、淳朴的民风民俗、丰富的户外游览运动闻名遐迩。

景区内水吼园是全国首批农业示范点，所在河段视野开阔，秀岭连绵、天际柔和。走进千亩板栗园，仿佛置身"淡烟流水画屏幽"的诗境。这里是游客们圆梦乡村、回归自然、健身养心的清凉水世界和生态大观园。

春游白马潭，看田园风光，红情绿意、鸟语花香；夏游白马潭，婀娜多姿、景色宜人，与水纵情狂欢；秋游白马潭，天高云淡、硕果累累，赏"枫情"无限；冬游白马潭，观千亩芦苇、品农家饭菜，驭马策鞭、纵横驰骋，远山近舍，浓淡相宜……

白马潭，让人来了无法忘怀；白马潭漂流，让人感受后难以释怀。

98 九曲河漂流：九曲回转峡谷幽

九曲河漂流档案：

九曲河漂流位于国家AAAAA级风景区天柱山境内，距天柱山主景区6千米，与天柱山景点连成一条美丽的山水画廊。九曲河原生态峡谷探险漂流全程27千米，高低落差243余米。

九曲河，位于潜山市天柱山镇茶庄村。从天柱山山巅汇淌成流的溪水在群峰夹峙的九曲大峡谷中奔流而下，因沿途落差较大，又呈九曲十八弯之势，故名九曲河。

九曲河漂流

来到九曲河大峡谷，放眼望去，满是茶园，散发着泥土馨香。这里还有多处激流水瀑、峡谷险川，真是山河秀美。

九曲河激流探险漂流与天柱群峰遥遥相望。几幢房子点缀在水库后岸线，使这里既有大山的韵味，又有水乡的风情。转身向坝下望去，闸口喷泻的水柱溅射出四五丈远，发出如雷的轰鸣。两岸峰体险峭，林木幽深，河道大致呈S形，河水时而静若处子,时而动若脱兔。皮划艇在河道上起伏跌宕,平缓时如平湖泛舟,急流中又如野马脱缰；直道上一马平川，弯道前环生险象；宽处艇随桨行，窄处磕磕碰碰，皮划艇沿河而下，充满着惊险和刺激。当游客乘坐皮划艇穿深潭、越险滩，在湍急的溪流中左冲右突，与浪共舞时，挑战的是智慧、勇气、胆识和毅力。

无论是与家人享受山水之乐，还是情侣间携手避暑游玩，抑或是都市白领远离喧嚣、纳凉避暑，九曲河漂流是绝佳的有氧运动，是赏心悦目的心境之旅。

九曲河漂流

天水涧漂流

99 天水涧漂流：卧龙饮涧天上来

天水涧漂流档案：

天水涧漂流景区位于金寨县天堂寨镇的马石村和前畈村的岩溪庙一线，全长6470米，拥有独特的地貌景观。

天水涧名字听起来很大气，有一种水从天来的感觉。它位于金寨县天堂寨镇马石村和前畈村的岩溪庙一线，其河道全程拥有独特的地貌景观。

大别山碰撞造山带是世界上最著名的超高压变质带之一，这种罕见的地质遗迹成为国际地质界的旅游热线。由此形成的这种河道似人间之水天上来，如卧龙饮涧，故名天水涧。

天水涧地貌景观独特。有憨态可掬的乌龟石、活灵活现的老鼠墩、忠于职守的猫耳石、惟妙惟肖的钟鼓石，还有龙门潭、公鸡滩、猪头岭等诸多的景观。上站口海拔 581 米，下站口海拔 463 米，落差高 118 米。

天水涧漂游河段是一道神奇的风景线。春天有那醉人的绿、馨香的花；夏日有树木的荫、清凉的夜；金秋有惹人的果、高远的天；隆冬有诲人的洁、绽放的梅。因有那美丽的景点和四季如画的风光及天堂寨的依托，天水涧漂流既推出春天的踏青赏花游，夏日的热情冲凉游，又推广秋季采果击浪游，以及隆冬那银装素裹、冰雪寒梅伴老松的沿河越岭洁身游。

天水涧漂流是勇敢者的乐园，全程 3.8 千米，相对落差百余米，有大小龙潭十余个，既有惊险刺激的探险漂，又有漫心消意的快乐休闲漂，集惊、奇、险、趣为一体。

漂流道口的落差有两层楼高，随着皮筏子急速冲下，水浪猛地扑面而来，似乎高度缺氧，让人缓不过神，随后一落，又到了平缓之处。几经险滩，几度惊险，漂流之趣，乐在其中。

天水涧漂流是很惬意的。乘坐橡皮筏，随着溪流时而跌宕起伏、高歌猛进，使游客在挑战激流中信心倍增、勇气十足，尽显英雄本色；时而荡漾在碧波清潭，穿梭在如荫柳林中，尽情享受夏日的清凉。

100 霍山大峡谷漂流：峡谷舞斑斓

霍山大峡谷漂流档案：

霍山大峡谷漂流位于霍山县落儿岭镇。漂流所处县境系大别山东大门，被称为“江北毛竹第一县”。该河道九曲十弯，花石板河床，舞动斑斓，堪称华东漂流一绝。

有人说，要看风景，去霍山；有人说，要挑战自己，去霍山大峡谷漂流。霍山大峡谷九曲十弯，激浪奔腾，玩的是心跳，感受的是乐趣，收获的是勇气。

霍山大峡谷漂流全长 8 千米，落差高达 160 米，最大单体落差为 19 米。从 19 米随水落下，一定会让人紧张得闭上眼睛，可这漂流的过程才真正是激荡中带着惊险刺激，其乐无穷。

这里北有南岳山、迎驾酒业，东有佛子岭水库，南有铜锣寨、白马尖、天堂寨等景区点与之相邻，位置优越，风景秀丽。由于地处北亚热带湿润季风性气候区，四季分明，雨量充沛，适宜漂流。

峡谷两岸山势崔嵬，翠竹披峦。最为罕见的是连片的花石板河床，如镜如冰，梭穿雪溅，河道奇美。嶙峋的崖岸，有大小 15 条瀑布，最高落差达 47 米。

这里有白云峡瀑布群，远望似缟绢垂天，近观如飞珠溅玉，透过阳光的折射，五彩缤纷，那澎湃的水声振荡河谷，气势十分雄壮。

在峡谷穿行，抬首可见两边的崖壁上秀木扶疏、青苔密布，既有常见的针叶松、雪松、白柏、青竹等乔木，也有罕见的黄杨木、皂角、造刺树、野生木瓜、杜仲、柏树等树种。各色野花与雪白的瀑布交相辉映，织成一幅锦绣图案，令人陶醉。

霍山大峡谷漂流还有一个特点便是河水质地清莹。水坠落差时，吼声如雷，白沫飞溅；水经平滩时，小鱼来去，河石可捡。皮划艇起落水上，可中流击浪，豪情飞扬；也可木桨横倚，静观风物，既惬意又刺激，动静之间，乐趣无穷。

感受生命的律动，挑战自己的勇气，不妨来体验霍山大峡谷漂流。

图书在版编目(CIP)数据

江淮行·皖水 / 安徽省文化和旅游厅编.—合肥：
黄山书社，2018.12
（安徽文化旅游丛书）
ISBN 978-7-5461-8044-1

Ⅰ. ①江… Ⅱ. ①安… Ⅲ. ①水 – 名胜古迹 – 介绍 – 安徽
Ⅳ.①K928.4

中国版本图书馆 CIP 数据核字(2019)第 001675 号

江淮行·皖水　　安徽省文化和旅游厅　编

出 品 人　王晓光
项目策划　贾兴权　韩开元
项目统筹　张向奎　刘莉萍
责任编辑　李玲玲　胡　月　张墨农
技术编辑　戚　帅　李　磊
装帧设计　尹　晨
出版发行　时代出版传媒股份有限公司(http://www.press-mart.com)
　　　　　黄山书社(http://www.hspress.cn)
地址邮编　安徽省合肥市蜀山区翡翠路 1118 号出版传媒广场 7 层 230071
印　　刷　安徽新华印刷股份有限公司
版　　次　2019 年 5 月第 1 版
印　　次　2019 年 5 月第 1 次印刷
开　　本　710mm × 1010mm 1/16
字　　数　255 千字
印　　张　16
书　　号　ISBN 978-7-5461-8044-1
定　　价　80.00 元

服务热线　0551-63533706
销售热线　0551-63533761
官方直营书店(https://hsss.tmall.com)